ادبی مباحث، فکری زاویے

(مضامین)

مہدی افادی

Adabi Mubahis, Fikri Zaviye (Literary Essays)

by: Mehdi Ifadi

Edition: January '2026

Publisher :

Taemeer Publications LLC (Michigan, USA / Hyderabad, India)

ISBN 978-93-6908-409-8

9 789369 084098

کتاب	:	**ادبی مباحث، فکری زاویے** (مضامین)
مصنف	:	**مہدی افادی**
بہ تعاون	:	الف یار ڈاٹ کام ویب سائٹ
صنف	:	تحقیق و تنقید
ناشر	:	تعمیر پبلی کیشنز (حیدرآباد، انڈیا)
سالِ اشاعت	:	۲۰۲۶ء
صفحات	:	۱۶۲
سرورق ڈیزائن	:	تعمیر ویب ڈیزائن

فہرست

پیش لفظ

مہدی افادی ایک ایسی نمایاں ہنر مند ادبی شخصیت رہی ہے جن کی شخصیت اور فن میں دیانت داری، نظم وضبط اور ذوقِ مطالعہ کا گہرا امتزاج ملتا ہے۔ گورکھپور کے قدیم شیوخ خاندان میں جنم لینے والے انہوں نے اپنی زندگی کا بیشتر حصہ مختلف زبانوں کے نازک و نایاب ادب کے مطالعے میں صرف کیا اور اپنی تحریر میں مغربی رومانوی تحریک کے اثرات کو موئثر انداز میں جذب کیا۔ ان کی تحریر میں جو شوخی، شگفتگی اور سیمابِ لطافت نظر آتی ہے وہ محض تزیینِ بیان نہیں بلکہ ان کی فطری طبع کا اظہار ہے۔ انہوں نے فلسفیانہ اور سنجیدہ موضوعات کو بھی اس انداز سے بیان کیا کہ وہ خشک و بے لطف نہ رہیں بلکہ قاری کے لیے دل چسپ اور تازگی بخش منظر بن جائیں۔ ان کا طرزِ بیانی دلکش اور خوش رنگ ہے؛ کسی خشک محاورے میں بھی الفاظ کی وہ مستی اور نغمگی ہوتی ہے جس سے متن میں زندگی کا احساس بڑھ جاتا ہے۔ مہدی افادی نے محمد حسین آزاد اور نذیر احمد کے تاثرات کو اپنی تحریری شناخت میں شامل کیا مگر صرف تقلید کے بجائے ایک نئی

رنگینی اور نکتہ چینی پیدا کی جس نے انہیں اردو ادب میں منفرد مقام دیا۔ ان کے ادب میں جوانی، مستی، بانکپن اور سادگی کی ایسی ہم آہنگی ہے جو عمر کے اثر سے مبرا معلوم ہوتی ہے۔

اس مجموعے کے تیرہ مضامین موضوعی، ادبی اور فکری زاویوں سے بھرپور ہیں، جن کا خلاصہ ذیل میں درج ہے۔

اردو لٹریچر کے عناصرِ خمسہ:

مصنف نے نوآبادیاتی تہذیب، سرسید تا شبلی و آزاد تک کے ادبی ارتقاء، عناصرِ خمسہ کی وضاحت اور اردو کی لغت و تصنیف کی ضروریات پر فہمی بیان کی۔

اردو لٹریچر کا نفس واپسیں:

طبقاتی مصنفین، علی گڑھ کے اثرات، تصنیف و ترجمہ کی کمی، لغات و اصطلاحات کی اہمیت اور نوجوان نسل کی اردو سے دوری پر تشویش مفصل انداز میں پیش کی۔

نامی پریس کانپور کی لٹریری خدمات:

نامی پریس کے اعلیٰ طباعتی معیار، قیمتی ایڈیشنز، علمی شاعتوں اور ملک میں معیاری طباعت کے فروغ کی تاریخی و تنقیدی اہمیت پر روشنی ڈالی گئی۔

شعر العجم پر فلسفیانہ نظر:

شبلی کی تحقیقی طرز، فارسی و عربی کلاسیکس کی اہمیت، اسلم کی تنقید کا جواب اور شاعری کی تاریخی ترتیب و فلسفیانہ تجزیے کی ضرورت بیان کی گئی۔

نقاد پر غیر ستائشی جنبشِ لب:

دلگیر اور مارہروی کی نقادانہ جہتیں، فلسفۂ حسن پر مباحث، تنقید کی حدود و معیار، اور ادبی رسائل کی حیثیت پر محتاط جائزہ لیا گیا۔

ملک میں تاریخ کا معلمِ اول:

علامہ شبلی کی جامعیت، فلسفۂ تاریخ و دین و سائنس کا توازن، ان کی مؤرخانہ قابلیت اور اردو علمی روایت میں ان کا ممتاز مقام اجاگر کیا گیا۔

فلسفۂ حسن و عشق (یونانی نقطۂ خیال):

عورت، حسن اور عشق کی فطرت؛ محبت کو انسانی وجود کا جوہر قرار دیتے ہوئے یونانی و فلسفیانہ تناظر میں جذبات، جمالیات اور روحانی معنی کی بحث کی گئی۔

خواب طفلی اور آرزوئے شباب:

مصنف نے جوانی کے خواب، عشقِ رومانی اور حسّی لذتوں کی نفسیاتی وضاحت کی؛ معشوق کی یاد، وصل کی تمنّا اور معاشرتی حدود کا تلخ احساس پیش کیا گیا۔

تمدن عرب پر ایک کھلی چٹھی:

کتابِ "تمدنِ عرب" کی تجزیاتی ستائش؛ مترجم و مؤلف کی محنت، تاریخی فلسفہ اور اردو میں ایسے معیاری تراجم کی ضرورت اور قدر پر مفصل اظہارِ خیال ہے۔

تمدن عرب اور پروفیسر شبلی:

پروفیسر شبلی کی تحقیقی شمولیت اور "تمدنِ عرب" و سلسلہ آصفیہ کے حوالہ سے شبلی کی علمی قدر و منزلت؛ ان کی مؤرخانہ جامعیت و اہمیت پر مباحثہ ہے۔

علامہ شبلی کا ماہوار علمی رسالہ:

رسالہ "الندوہ" کی تعریفی کوریج: معیاری علمی اشاعت، موضوعاتِ قدیم و جدید، طباعت و قیمتِ مناسب اور قومی علمی زندگی میں اس کی افادیت پر زور دیا گیا۔

آدھ گھنٹہ علامہ شبلی کے ساتھ:

مولانا رومؒ کی سوانحِ حیات اور شبلی کی تشریحات پر مبصرہ؛ شبلی کی تحقیق، طرزِ بیان، فلسفہ ٔتاریخ اور مثنوی کی تنقیدی اہمیت بیان کی گئی۔

حالی و شبلی کی معاصرانہ چشمک:

حالی اور شبلی کے باہمی علمی تعلقات، تنقیدی گفتگو، نکتہ چینی اور ادب و سوانح نگاری کے اختلافات و باہمی احترام کا تجزیہ پیش کیا گیا۔

یہ مجموعہ نہ صرف مہدی افادی کے فکری سفروں کی بیش قیمت دستاویز ہے بلکہ اردو ادب کے ذوق و فکر کے لیے ایک لازوال ضمیمہ بھی ہے۔

۱

اردو لٹریچر کے عناصر خمسہ

آئندہ زمانہ میں اردو لٹریچر کی اگر تاریخ لکھی گئی تو انیسویں صدی کا پچھلا دور اس عہد کا "نشاۃ الثانیہ" (یعنی دور جدید) ہو گا جس میں ایک بازاری زبان جس کا سرمایہ ناز ایک بے غایت شاعری کا مجموعۂ خودرو تھا، منازل ارتقائی طے کرتی ہوئی اس سطح امتیازیہ کے قریب قریب پہنچ گئی جہاں دنیا کی اعلیٰ تر زبانیں اپنا سکہ جمارہی ہیں۔

کل کی بات ہے جب تُک سے تُک ملا لینا کمال فن سمجھا جاتا تھا۔ گرمی محفل کے لیے چند مصرعوں کی پیوند کاریاں لٹریچر کے فرائض سے ہم کو سبکدوش کر دیتی تھیں لیکن اقتضائے وقت کے ساتھ تغیر مذاق دیکھئے کہ آج ہم کو ان کے ذکر سے بھی شرم آتی ہے۔ یہ کیوں؟ صرف اس لئے کہ ہم دیکھتے ہیں کائنات میں کوئی چیز نہیں جو تغیر پذیر نہ ہو، ہمارے جذبات بدلے، خیالات بدلے، تغیر حالت کے ساتھ وہ آثار خارجی بھی جن میں ہم گھرے ہوئے تھے، کچھ سے کچھ ہو گئے۔ غرض زمین بدلی، آسمان بدلا اور ہم بھی وہ نہیں رہے جو پہلے تھے اور ابھی معلوم نہیں مؤثرات خارجی اور واقعات کی قدرتی رو ہم کو کہاں سے کہاں لے جائے گی۔

اس کش مکش اور سلسلۂ انقلابات میں اتنا ہوش کہاں کہ طبقات ارتقائی کی درمیانی کڑیاں آپ کو گنائی جائیں، صرف یہ سمجھ لیجئے کہ بوسیدہ اور فانی اجزا کی جگہ قوی تر عناصر نے لے لی اور اقلیم سخن کی شریف تر ہستیاں عالم وجود میں آئیں جن سے اردو ساکم سواد لٹریچر ایک دم سے آشنائے فلسفۂ ادب ہو گیا۔ میری غرض لائق عزت سرسید، پروفیسر آزاد، نذیر احمد، حالی و شبلی سے ہے جن کے قلم کے سایہ میں اردو یعنی کل کی چھوکری اتنی رودار ہو گئی کہ السنۂ یورپ یعنی مغربی سے بے تکلف آنکھیں ملا سکتی ہیں، ان میں سے ہر شخص مختص النوع خصائص ادبی کے ساتھ اپنے اپنے دائرہ کا آپ مالک ہے اور جس طرح ادب القدما (یعنی کلاسیکس) آج واجب التعظیم سمجھا جاتا ہے، ایک وقت آئے گا جب ان کے ادبیات کا بیشتر حصہ لائق پرستش اور غیر فانی سمجھا جائے گا۔

یہ موضوع نہایت اہم ہے اور چونکہ بہت پھیلایا جا سکتا ہے، اس لئے سرسری طور پر ٹالنا منظور نہیں، بلکہ میری خواہش ہے کہ آج کل کے اچھے لکھنے والے اس پر قلم آزمائی کریں۔ میری عرض لائف نگاری سے نہیں ہے بلکہ صرف تنقید ادبی (یعنی لٹریری ریویو) چاہتا ہوں، جس میں بہ لحاظ فن فرداً فرداً ہر مصنف کے نتائج فکر کی خصوصیات اس طرح دکھائی جائیں کہ ایک حد تک تنقیدات عالیہ (یعنی ہائر کریٹی سزم) کا حق ادا ہو جائے۔

سرسید نے ادب اور معقولات پر جس حد تک مجتہدانہ رنگ چڑھایا، دراصل ان کی اولیات میں داخل ہونے کے لائق ہے۔ یہ انہیں کے قلم کی آواز بازگشت ہے جو ملک میں بڑے سے بڑے مصنف کے لئے دلیل راہ بنی، آج جو خیالات بڑی

آب و تاب اور عالمانہ سنجیدگی کے ساتھ مختلف لباس میں جلوہ گر کئے جاتے ہیں، دراصل اسی زبر ست اور مستقل شخصیت کے عوارض ہیں، ورنہ پہلے یہ جنس گراں بار باصف استطاعت اچھے اچھوں کے دسترس سے باہر تھی۔ سرسید کے کمالات ادبی کا عدم اعتراف صرف ناشکری نہیں بلکہ تاریخی غلطی ہے اور میں خوش ہوں کہ شریف النفس حالی نے آج کل کی بہتر سے بہتر "سوانح عمری" لکھ کر منحرف طبائع کو بہ وساطت سخت سے سخت شکست دی جو خیال میں آسکتی ہے۔ لیکن نئی نسل پچھلا سبق کسی قدر بھول چکی ہے، حالانکہ سرسید کے حقوق زیادہ تر اسی کی گردن پر ہیں، بلکہ مجھے کہنا چاہئے کہ لٹریچر کے حقوق کا اقتضا یہ ہے کہ سرسید کے علمی کارنامے پر نگاہ عکس ریز ڈالی جائے اور اس کے لئے سید سجاد حیدر (یلدرم) مجھے زیادہ تر موزوں معلوم ہوتے ہیں۔

علامہ نذیر احمد کو میں "شمس المارہروی" توبہ! سید افتخار عالم کے سر لگانا چاہتا ہوں، جنھوں نے حال میں مولانا کی نہایت مفصل سوانح عمری شائع کی ہے، بالاستحقاق ان سے بہتر کوئی شخص خیال میں نہیں آتا۔ یہ لکھیں گے اور ہم دردانہ اور سخن گسترانہ لکھیں گے۔ اسی کی ضرورت ہے۔ نذیر احمد گو ایک حد تک عقلیات سے رسیاں تڑاتے رہے لیکن ادب اور "منقولات" سے متعلق جو دفتر انھوں نے چھوڑا ہے، وہ اس قدر اہم ہے کہ کچھ سرسری ریمارک کرنا چاہتا ہوں مگر سمجھ میں نہیں آتا، کہاں سے شروع کروں۔ ان کی اعلیٰ درجہ کی عربیت کے ساتھ بے مثل قدرت بیان، وسیع ذخیرۂ الفاظ اور وہ تصرفات جو جدت خیال اور ظریفانہ نکتہ سنجیوں کے لحاظ سے صرف اس شخص کا حصہ ہیں، لٹریچر کی جان ہیں۔ اس پر

اضافہ کیجئے اردو سی کم مایہ زبان کا ایسے شریفانہ قالب میں ڈھلنا جس پر کلاسیکس کا ڈھوکا ہو۔

بعض صاحبوں کو غالب کی طرح ان کی مشکل پسندی کا رونا ہے اور وہ پیوند کاریاں جو ان کی شستہ رفتہ اور برجستہ اردو میں ہوتی ہیں جس میں انگریزی زیادہ بے جوڑ ہوتی ہے، عام خیال ہے کہ ثقل سے خالی نہیں، لیکن انصاف یہ ہے کہ یہ سب ان کی جدت اختراع اور قوت آخذہ کا زور ہے۔ آمد کی رو میں اضطراری طور پر اپنے پرائے کی تفریق نہیں ہو سکتی اور یہی وجہ ہے کہ بعض حصے بہ لحاظ ترکیب و تحلیل اجزائے السنہ غیر گنگا جمنی ہوتے ہیں، تاہم متانت اور حسن کلام سے کبھی علیحدہ نہیں ہوتے جو ان کے لٹریچر کا خاصۂ طبعی ہے۔ نہ ان کے اچھوتے اور مستقل طرز ادا (اسٹایل) پر جو شارع عام سے الگ تھلگ اور آپ اپنی نظیر ہے، کوئی اثر پڑتا ہے۔ جو باتیں اوروں کے ہاں بیگانی ہیں، ان کی بے ساختگی اور برجستگی خیال کے ساتھ سلسلۂ بیان میں اس طرح جذب ہو جاتی ہیں کہ مغائرت یا اجنبیت کا احساس تک نہیں ہوتا۔ پھر بھی جہاں تک اس حیثیت سے اعتراض کی گنجائش ہے، ادب چاہتا ہے۔ سبک نکتہ چینیوں سے ان کا کمال ہمیشہ بے نیاز رہے گا۔

میں آج تک یہ فیصلہ نہ کر سکا کہ باوصف کمالات علمی جو ایک حد تک ان کے ہم عصروں کو بھی مرعوب کرنے والے تھے، ان کی فطری قابلیت اور اعلیٰ مذاق سخن کی آزمائش کا بہتر سے بہتر پیرایہ کیا ہو سکتا تھا۔

جس طرح ناولوں اور تراجم میں بہ رعایت فن یہ اپنی قادرالکلامی کا بڑے سے بڑا ثبوت دے سکے، لٹریچر کے وہ اجزاء جن کا موضوع زیادہ اہم اور سنجیدہ ہے، مثلاً

فلسفۂ تاریخ وغیرہ، جس میں وسعت نظر کے ساتھ تحقیق و تنقید، قوت استقرا، تفریع مسائل اور فلسفیانہ استخراج نتائج کے ساتھ غیر منقطع انضباط خیال کی ضرورت ہے، یہ قصداً اس طرف نہیں آتے۔ یہی حد فاصل ہے جو شبلی کی قلم رو سے ان کے دائرہ کمالات کو جدا کرتی ہے اور یہی وہ آزادی ہے جس کے آثار ان کے لکچروں میں آپ دیکھیں گے اور جس کی بنا پر یہ اکثر کہا گیا ہے کہ وہ موضوع سخن کے حدود کو قائم نہیں رکھ سکتے۔ لیکن سچ یہ ہے کہ ان کا مرتبۂ انشاپردازی چاہتا ہے کہ ہم مان لیں کہ یہ صرف زور بیان کا قصور ہے جو اظہار فصاحت میں کسی چیز کا محکوم نہیں ہوتا۔

زمانہ کتنی ہی ترقی کرے، اس علم کے پتلے کو پھر پیدا نہیں کر سکتا جس کا کوئی رونگٹا بے کار نہیں، جہاں تک لائق ادب "مشرقیت" کا تعلق ہے، قوم کی یہ آخری بہار تھی جس کے اجزاء کچھ اٹھ گئے، کچھ باقی ہیں۔ قدیم علوم کے نام لیوا ایک آدھ سے زیادہ نہیں ہیں۔ جس عربی، مرحوم عربی کو ہم بیسویں صدی میں ڈھونڈتے ہیں، علامہ نذیر احمد کے ساتھ دفن ہو گئی، مگر ان کا حصۂ غیر فانی یعنی ان کی تصنیفات مرنے والی چیز نہیں۔ وہ اپنی بقائے دائمی کی آپ ضامن ہیں اور یہی انسان کا بڑے سے بڑا تخیل (آئڈیل) ہے جس سے دنیا میں کوئی بے نیاز نہیں۔

نذیر احمد کے استادانہ اور باوقار لٹریچر کا سلسلہ ہمیشہ کے لئے ختم ہو گیا۔ یہ ایک ایسا نقصان ہے جس کی تلافی اب نہیں ہو سکتی، لیکن اخلاف کے لئے جس قدر سرمایۂ علمی انھوں نے چھوڑا ہے، وہ موجودہ اور آئندہ نسلوں کو ہمیشہ ان کی یاد دلاتا رہے گا۔ ہم ان کی قیمتی تصنیفات کو سینہ سے لگائیں گے، آنکھوں میں جگہ دیں گے۔

دائمی جدائی کے بعد ادائے سپاس کا حق کچھ تو ادا ہو رہے گا۔

سر سید کے بعد اگر ان کے رنگ میں کوئی قلم ہاتھ میں لے سکتا ہے تو بوڑھے حالیؔ ہیں۔ یہ ایک ہی وقت میں جہاں فطری شاعر ہیں، اعلیٰ درجہ کے ناثر بھی ہیں۔ لائف نگاری کے ساتھ نکتہ سنجی اور سخن آفرینی کا ایک خاص سلیقہ ہے، جس نزاکت کے ساتھ ادائے خیال کے مختلف پہلوؤں سے دیکھتے دیکھتے یہ اپنا مطلب نکال لیتے ہیں، کثرت مواد کے ساتھ بھی دوسرے اس قسم کے لطیف تصرفات نہیں کر سکتے۔ طبیعت میں ایک چپا تلا خاص طرح کا مادہ ہے جو حشو و زوائد سے غرض نہیں رکھتا اور ساتھ ہی کسی موضوع بحث میں ان نکات متعلقہ کی طرف نہایت خوبصورتی سے فوری انتقال ذہن کا باعث ہوتا ہے جو دراصل اس بحث کی جان ہوتے ہیں۔ لٹریچر کا بہت بڑا وصف یہ ہے کہ سخت سے سخت مسائل باتوں باتوں میں طے کر دیے جائیں۔ یہ سلاست و نفاست قدرت کلام کی آخری حد ہے جو سر سید کے بعد حالیؔ کے حصہ میں آئی۔

ایک خاص بات یہ ہے کہ ان کے خیالات و مقالات میں جھول جھال یعنی کسی طرح کا "تذبذب فی الرائے" نہیں ہے۔ خالص یک رنگی ہے جسے اصطلاح میں فلسفیانہ کہئے۔ معیار خیال اس قدر بلند پایہ اور سلجھا ہوا ہے کہ کہیں سے یہ بیگانے نہیں ہوتے۔ مجھے ہنسی آتی ہے جب سنتا ہوں کہ حالیؔ کی جدید شاعری بہ لحاظ فن ساقط المعیار ہے اور اس لائق نہیں کہ اس پر توجہ کی جائے۔ یہ فتویٰ "پرانی لکیر" کے شیدائیوں کا ہے جو خیر سے یہ بھی نہیں جانتے کہ شاعری دراصل کیا چیز ہے اور اس کا موضوع اصلی کیا ہے؟ بھیڑوں کا ایک غول ہے جو مدت ہوئی آنکھیں بند کئے

ایک راستہ پر پڑلیا اور آگے پیچھے آج تک چلا آیا لیکن ہم کو اس سے کچھ بحث نہیں، نہ ہم اس مجموعۂ ردیات پر نظر ڈالنا چاہتے ہیں جو پرانے خیال والوں کا سرمایۂ ناز ہے۔ ہم ایک حد تک معصوم حماقتوں سے، کسی کی ہوں، لطف اٹھانے کے لئے تیار ہیں، کیونکہ یہ بھی ایک عیش ہے۔ صرف اتنا کیجئے کہ برے بھلے حالیؔ کو جدید گروہ کی لائق فخر پیشوائی کے لئے چھوڑ دیجئے۔

میرا خیال ہے حالیؔ کے کلام پر مولوی عبد الحق کھل کر داد سخن دیں گے۔ یہ آج تک باوصف قابلیت اور فلسفیانہ مذاق کے صرف "مقدمات" پر ٹالتے رہے۔ ان کا مصرف صحیح کچھ اور تھا۔ ان میں مادۂ اختراعی (اریجینیٹی) خاصہ ہے مگر قوت فیصلہ کی کمی "صحافت" سے آگے بڑھنے نہیں دیتی، حالانکہ ان کا سلیقہ تحریر سفارشی ہے کہ مستقل تصنیف و تالیف کے سوا یہ کچھ اور نہ کرتے۔ بہر حال ان کو کم سے کم میری خواہش تو پوری کرنی ہوگی۔

یادش بخیر! شبلی پر بہت کچھ لکھا جاچکا ہے جس سے زیادہ ایک زندہ مصنف پر قلم آزمائی کی گنجائش نہیں۔ چبائے ہوئے نوالوں کا بار بار منہ میں پھیرنا خواہ وہ کتنے ہی خوش ذائقہ ہوں، جدت طرازی جائز نہیں رکھتی اور چونکہ نئی بات نہیں کہہ سکوں گا اس لئے مختصراً اس قدر کافی ہے کہ شبلی ملک میں پہلے شخص ہیں جنھوں نے تاریخ پر فلسفہ کا رنگ چڑھایا اور حکیمانہ انکشافات و نکتہ آرائیوں سے اسے ایک مستقل فن دیا۔

علی گڈھ کو انھوں نے چھوڑا اور ندوۃ العلماء نے، مجھے افسوس کے ساتھ کہنا پڑتا ہے خود ان کو، لیکن میرا بس ہو تو شبلی کو ہندوستان سے باہر کالے کوسوں، یورپ

کے کسی "بیت الحکماء" (لٹریری اکیڈمی) میں بھیج دوں جہاں ان کو اپنی غیر معمولی قابلیت کی داد بڑے بڑے علمائے مستشرقین سے ملے گی جو بہ لحاظ ہم فنی، ان کے یاران طریقت ہیں۔ شبلی کا وسیع دائرۂ تحقیقات، اہل زبان کی سی فارسی اس میں بھی شاعری کا ملکۂ راسخہ اور سب سے زیادہ اپنی زبان میں ان کی لائق رشک انشاپردازی، وہ صفات ہیں جو علانیہ ان کو ہم نفسوں سے ممتاز کرتی ہیں۔ شعر العجم کے چوتھے حصہ میں فلسفۂ شاعری پر مختلف پہلوؤں سے جس طرح تنقید کا حق ادا کیا گیا ہے، "ادب الاساتذہ" کا بہتر سے بہتر مرقع ہے جس پر دنیا کی کوئی زبان فخر کر سکتی ہے۔

اردو میں ان کے مطائباتِ نظم کو جو جدید پیداوار ہیں، ان کے سلسلۂ کمالات سے علیحدہ کر کے دیکھئے جن میں لطائف ادبی کوٹ کوٹ کر بھرے ہیں، یہ رنگ بھی ان ہی کا حصہ ہے، شوخی کے ساتھ سنجیدگی یہ معلوم ہوتا ہے دور سے زبان کی بلائیں لے رہی ہے۔ لیکن اس کی جامعیت کے ساتھ بھی سوال یہ ہے کہ قوم نے کہاں تک حوصلہ افزائی کی؟

کل کی بات ہے ایک اتفاقی واقعہ پر شبلی پر ملک کے چپہ چپہ سے لے دے شروع ہوگئی اور اس قدر غل شور ہوا کہ کان پڑی آواز نہیں سنائی دیتی تھی۔ بڑے بڑے سنجیدہ حضرات اپنے نامۂ اعمال کی طرح اخباروں کے کالم سیاہ کرتے رہے جس سے کچھ دنوں کے لئے اخباری افق کی فضائے بسیط ایک دم سے تیرہ و تار ہو گئی۔ کیا یہ کوئی علمی واقعہ تھا؟ ہر گز نہیں صرف حاسدین کی کم نظری تھی۔ دلوں کی جمی ہوئی سیاہی لغزش قلم سے ٹپکی اور بری طرح ٹپکی لیکن شرافت علم دیکھئے! شررؔ کو جو "شبلی" پر کبھی کبھی سخن گسترانہ چوٹیں کرتے تھے، اس ناگوار واقعہ کے بعد جس

کا انجام ندوہ سے مولانا کی دست کشی پر ہوا، اپنی آواز بلند کرنی پڑی۔ وہ صاف صاف کہہ گذرے کہ ندوہ میں جو کچھ دم تھا، شبلی کی وجہ سے تھا، اب وہ ایک جسد بے روح ہے۔ اسی ضمن میں مولانا کے کمالات کا شناسانہ اعتراف اور قوم کی ناسپاری کا رونا تھا۔

"نقاد" میں تاریخ کا معلم اول کے عنوان سے ایک مضمون شائع ہوا تھا۔ ایک قاصر النظر نے اہتمام کے ساتھ "مشرق" میں اس کی تردید کی جسارت کی لیکن عامیانہ و حاسدانہ، جس میں علامہ شبلی کو ان اوصاف سے معرا کر کے دکھایا تھا جو مضمون نگار نے حسن عقیدت سے نہیں بلکہ خود "فلسفہ" کے ایما سے غیر فانی شبلی کی طرف منسوب کئے تھے۔

بہر حال میں کہنا یہ چاہتا تھا کہ شبلی پر اگر کوئی قلم اٹھانا چاہے تو جی لگنے کے سامانوں میں کمی نہیں۔ میرے خیال میں سید عبد الماجد اگر فلسفۂ تاریخ سے اتنی ہی دلچسپی کا اظہار کرتے جس اہتمام سے "الکلام" پر منحرفانہ نظر ڈالی گئی تھی تو کفارۂ معصیت کے ساتھ تنقید کا بھی حق ادا ہو جاتا۔

سب سے آخر، مگر دراصل سر فہرست آزادؔ پر میں خود کچھ لکھنا چاہتا ہوں۔ آزاد اس پایہ کے ادیب ہیں کہ ان کے دائرہ کے اور خلاقین سخن کو ان کے آگے سر جھکانا پڑے گا۔ آزاد کی جن حیثیتوں پر خصوصیت کے ساتھ نگاہ پڑ سکتی ہے، وہ تحقیقات السنہ کے مذاق کے ساتھ پاکیزگیٔ زبان اور آزاد کا خاص انداز بیان ہے جس سے ان کی نثر عموماً زر نگار معلوم ہوتی ہے۔

ایک مغربی شاعر کے خیال میں جس نے شوخی سے عالم فطرت (نیچر) پر کمال

صنعت (آرٹ) کو ترجیح دی ہے، خوش آب موتیوں کا نشاط انگیز انتشار کے ساتھ فرش ریشمی پر بکھر جانا روانیٔ آب سے زیادہ دلکش ہے مگر اس سے زیادہ تر دلکش ہے کسی نازک خیال مصنف کی مرصع پیداوار دماغی جو حسن صوری اور معنوی کے ساتھ آمد اور بے ساختہ پن کی تصویر ہو۔ اس کے سلیس و نفیس لٹریچر کا یہ وصف اضافی کہ روکھے پھیکے مسائل کو بھی اس لطافت سے جذب کر سکے کہ کہیں سے بار طبیعت نہ ہو اور فسانے (یعنی لائٹ ریڈنگ) کا لطف آئے، میرا خیال ہے لائق ذکر خصائص میں سے ہے، جس کی بنا پر ایک مشہور موقع پر یہ کہا گیا تھا کہ "آزاد اردوئے معلیٰ کا ہیرو ہے۔"

جس طرح تاریخ میں فلسفہ کا رنگ سب سے پہلے شبلی نے چمکایا ہے، اردو کو انشاپردازی کے درجہ پر جس نے پہونچایا وہ آزاد اور صرف آزاد ہیں اور گو اس مسئلہ پر ابھی کافی توجہ نہیں کی گئی ہے، لیکن آزاد کی ادبی فتوحات تاریخ لٹریچر کا ایک واقعہ ہے جس کا فیصلہ خود فلسفۂ ادب کے ہاتھوں میں ہو گا۔ جن حضرات کی نگاہیں دلی لکھنؤ کے اختلافات تک محدود ہیں یا جن کی قاصر النظری میرے اس خیال کی تائید کی مانع ہو وہ مجھے معاف فرمائیں گے، اگر میں بلا خوف تردید یہ عرض کروں کہ پروفیسر آزاد کا درجہ بحیثیت ادیب جو کچھ ہے اس کا سمجھنا دوم درجہ کی خلقت کے لئے جو فلسفہ لٹریچر سے قطعاً بیگانہ ہے، آسان نہیں ہے۔ اس لئے کسی اختلافی بحث کا چھیڑنا "گول خانہ میں چوکھنٹی چیز ہے" سے بھی زیادہ گیا گذرا ہو گا۔

سرسید سے "معقولات" الگ کر لیجئے تو کچھ نہیں رہتے، نذیر احمد بغیر مذہب کے لقمہ نہیں توڑ سکتے، شبلی سے تاریخ لے لیجئے تو قریب قریب کورے رہ جائیں

گے۔ حالی بھی جہاں تک نثر کا تعلق ہے سوانح نگاری کے ساتھ چل سکتے ہیں لیکن "آقائے اردو" یعنی پروفیسر آزاد صرف انشا پرداز ہیں جن کو کسی اور سہارے کی ضرورت نہیں، اسی لئے واقعات بھی انھوں نے جس قدر لکھے ہیں، "قصص" (یعنی ٹیلز) کی حیثیت رکھتے ہیں، جنھیں "افسانہ یارانہ کہن" سمجھئے۔

اس بحث کو اصل تنقیدی مضمون میں پھیلاؤں گا، یہاں افتتاحی حیثیت سے بھی قوت کا صرف کرنا منظور نہیں۔ اسی سلسلہ میں آپ دیکھیں گے کہ جدید شاعری جس کے "آدم" حالی سمجھے جاتے ہیں، غالباً اس کی داغ بیل سب سے پہلے آزاد نے ڈالی تھی۔ مجھ کو آزاد کے لٹریچر سے غیر معمولی دلچسپی ہے، اس لئے ذرا تفصیل کے ساتھ ان کی دلکش تصنیفات کے ان اجزاء کو ابھار کر دکھاؤں گا جن کا ایک ایک حرف لٹریچر کی جان ہے۔

بہرحال ارکان خمسہ کی تجویز آپ کے سامنے ہے۔ اکبری نورتن کے مقابلہ میں بعض صاحبوں کو یہ تجدید پسند نہ آئے گی لیکن مجھے افسوس ہے کہ مصنفین کی صف اول میں اس سے زیادہ گنجائش معلوم نہیں ہوتی۔ تاہم غیر ضروری نکتہ چینی سے علیحدہ ہوکر اگر کوئی صاحب (بشرطیکہ لٹریچر کا صحیح مذاق رکھتے ہوں) مجھے مفید مشورہ دے سکیں تو میرا خیال ہے میں اس پر غور کرنے کے لئے ایک حد تک تیار ہوں۔

اس تجویز کو قوت سے فعل میں لانے کے لئے ضرورت ہے کہ کم سے کم سو صفحے ہر مصنف کے نذر کئے جائیں۔ اس طرح پانچ سو صفحوں کی ایک کتاب تیار ہوجائے گی جس کا ایک طبع خاصہ (یعنی اڈیشن ڈی لکس) بہتر سے بہتر کاغذ اور چھپائی

کے ساتھ شائع ہو گا، جس میں مصنفین کے ساتھ منقدین کی ہاف ٹون عکسی تصویریں شامل کی جائیں گی۔ اس کی تکمیل مالی امداد سے قطعاً بے نیاز ہے۔ صرف ضرورت ہے تو ترتیب مضامین کی، جس کی طرف ایک مرتبہ اور میں ان اصحاب کو متوجہ کرنا چاہتا ہوں جن کو فرداً فرداً میں نے نامزد کرنے کی عزت حاصل کی ہے۔

***

۲

اردو لٹریچر کا نفس واپسیں

اگر اردو لٹریچر کی ارتقائی تاریخ جہاں تک نثر سے تعلق ہے کبھی لکھی گئی تو جو مرقع دفعتاً آنکھوں کے سامنے آئے گا وہ طبقۂ اول کے لکھنے والے ہوں گے جن کو میں نے "عناصر خمسہ" کی حیثیت سے کہیں دکھایا ہے اور جو سرسید کے زمانہ سے پیدا ہوئے۔ آزاد کی زبردست شخصیت گو ایک حد تک سرسید کی تبلیغ سے بے نیاز معلوم ہوتی ہے، لیکن یہ کیا کم ہے کہ ہم عصری کی عزت ان کو بھی حاصل تھی اور مذاق سخن کے لحاظ سے وہ ادھر جھک پڑے جو سرسید کے لٹریچر کا خاصۂ امتیازی تھا۔ نذیر احمد جس حد تک مستغنی رہ سکے ان کے خیالات و مقالات کا بہت بڑا حصہ خود اس فیصلہ کے لئے کافی ہے، رہے حالیؔ و شبلی، کچھ شک نہیں کہ یہ تمام تر سرسید کے پیدا کردہ ہیں۔

میں اس وقت طبقۂ ثانی کے اہل قلم سے قطع نظر کئے لیتا ہوں جو میرے دائرہ تحریر کے موضوع سے الگ ہیں، ورنہ اردو لٹریچر جب تک باقی ہے، ریاضؔ، احمد علی شوقؔ، شررؔ اور سرشارؔ ہمیشہ محبت آمیز عزت کے ساتھ یاد کئے جائیں گے۔ موجودہ لٹریچر کی خلاقی میں یہ داہنے ہاتھ نہ سہی بائیں ہاتھ کی حیثیت قطعاً رکھتے ہیں، آج

ریاضؔ اور شوقؔ کی لطافت نثر گذشتہ تاریخ کا ایک بھولا ہوا سبق ہے، لیکن کل کی بات ہے جب یہ دونوں اپنے وقت کے بہترین پرچوں میں داد سخن دے رہے تھے۔ آئندہ دنیا ان کو زیادہ سے زیادہ مٹی ہوئی شاعری کی حیثیت سے جانے گی، لیکن سچ یہ ہے کہ نظم کے ساتھ یہ نثر کے بھی "آقا" تھے۔

دونوں جوان تھے، جو بنوں پر آئی ہوئی زبان بھی پری بنی ہوئی تھی۔ "صحافت" رہ رہ کر جنبش قلم کی بلائیں لیتی تھی، عورت کیسی ہی نازک ہو لیکن چھڑوں کی دھیمی آواز میں جو کیفیت ہے اونچی ایڑی کے بوٹ کی کھٹ کھٹ میں نہیں، آج کل کی کھڑی اردو کے مقابلہ میں ان کی زبان میں ایک خاص لچک اور نزاکت تھی، شستہ، رفتہ، محاورات کی برجستگی اور موقع موقع سے روز مرہ کی پیوندکاریاں کس طرح دکھاؤں، دل کی بے چینی سطح کاغذ پر پھیلتی جاتی ہے، لیکن حق ادا نہیں ہوتا۔ مختصر یہ کہ جس طرح دل نہیں رہے، دلوں کے اکسانے کا سامان نہیں رہا۔ زمانہ کی ترقی کے یہ معنی ہیں کہ بعض اجزا ساتھ ہی ساتھ اس طرح مٹتے گئے کہ بجھے ہوئے چراغوں کی طرح کہیں پڑے ہیں، لیکن جو آنکھیں برقی خیرہ گری کی عادی ہو رہی ہیں انھیں فرصت و ذوق کہاں کہ ایک نگاہ ادھر بھی ڈالیں۔ شررؔ و سرشارؔ کی نسبت کچھ کہنا نہیں چاہتا کہ یہ اپنی بقا کے آپ ضامن ہیں، یعنی ایسی لائق رشک ہستیاں رکھتے ہیں جو مرنے کے بعد بھی فنا ہونے والی نہیں۔

میں پھر سلسلہ سے علیحدہ جا پڑا، ہاں تو کہنا یہ تھا کہ طبقۂ اول کی پاک روحوں نے جو سرمایہ ہمارے لئے چھوڑا ہے وہ کتنا ہی لائق ادب ہو، لیکن سوال یہ ہے ان کے مرتبہ کے لحاظ سے اس کی کیا حالت ہے، یعنی ہر مصنف نے اپنی تصنیفات میں

کہاں تک اپنا درجہ قائم رکھا؟

یادش بخیر، شبلی کے سوا مجھے خوف ہے، سب کم و بیش وہ نہیں کر سکے جو ان کی قابلیت کا بہترین مصرف تھا۔ پروفیسر آزادؔ کی فارسیت اہل زبان سے دبتی ہوئی نہیں تھی لیکن وہ اپنی نہایت قیمتی تالیف یعنی 'جامع اللغات' کی تکمیل نہ کر سکے جو ان کی ساری عمر کی کمائی تھی، اسی طرح "تذکرۂ شعرائے فارسی" بھی جو خاص ان کے مذاق کی چیز تھی، مسودہ سے آگے نہ بڑھ سکا۔

مولانا نذیر احمد کو اپنی اعلیٰ درجہ کی عربیت کے ساتھ "قاموس الاسلام" (انسائیکلوپیڈیا) کے لکھنے کا خیال نہ آیا، وہ اس پیمانہ کو گھٹا کر کم سے کم "لغات الاسلام" لکھ سکتے تھے اور یہ پھر بھی ایسی چیز ہوتی کہ یورپ اپنی فلسفیانہ تحقیق و تدقیق کے ساتھ ان سے آگے نہیں جا سکتا تھا، آئندہ نسلوں کے لئے یہ قیمتی وراثت موصوف کی باقی رہنے والی یادگاروں میں سب سے زیادہ پیش پیش ہوتی۔

حالیؔ، خوش صفات حالیؔ سے ہم کو چنداں شکایت نہیں، "مسدس" کے بعد "مقدمۂ دیوان" اور "حیات جاوید" کے سوا اگر یہ کچھ نہ لکھتے تو ان کی بقا کے لئے اس سے زیادہ ضرورت نہیں تھی، گو اس کا افسوس ہے کہ ان کی صحت اور عمر نے موقع نہ دیا کہ ان کی وسیع المشربی اور فلسفیانہ نکتہ سنجیاں ان کے نتائج افکار کی تعداد میں کچھ اور اضافہ کرتیں، جس کی اس لئے زیادہ ضرورت تھی کہ ان کے بعد ان کے رنگ میں کوئی قلم اٹھانے والا معلوم نہیں ہوتا۔

خاتم المصنفین شبلی نے ہمارے لئے کم و بیش ۵ ہزار صفحوں کا ذخیرۂ ادب چھوڑا ہے، یہ لٹریچر کی وہ قیمتی صنف ہے جسے آج کل کی اصطلاح میں "تنقیدات

عالیہ " (ہایر کریٹی سزم) کہتے ہیں، آپ لوہے کے چنے کہئے،، اور میرا خیال ہے اسلام کے متعلقات میں اتنا بڑا سرمایہ اور وہ بھی اس قدر گراں مایہ کسی زبان میں موجود نہیں ہے، شبلی میں ایک خاص طرح کا مادۂ اختراعی تھا۔

وہ ایک ہی وقت میں اعلیٰ درجہ کے مؤرخ، اعلیٰ درجہ کے ناثر، اعلیٰ درجہ کے شاعر، غرض مشرقی زبان میں مختلف اصناف سخن کے پورے مالک تھے اور سب سے بڑی بات یہ تھی کہ یورپ کے مستشرقین کی طرح ان کا معیار تصنیف اتنا بلند تھا کہ میرا خیال ہے کہ سیکڑوں برس بعد بھی ان کی تصنیفات ٹکسال باہر نہیں ہوں گی، ایسا جامع حیثیات مصنف غالباً اب پیدا نہیں ہو گا، ان کے تفصیلی کارنامے انشاء اللہ "دار المصنفین" دکھائے گا لیکن مرحوم نے سب کچھ کیا، آنحضرتؐ کی لائف کی تکمیل نہ کر سکے جس کا داغ ہمارے ساتھ وہ بھی لیتے گئے، اسی طرح مسلمانوں کی عام تاریخ نہ لکھی جس کی سخت ضرورت تھی، نہ "شعر العجم" کی طرح عربی لٹریچر کی تاریخ لکھنے کی نوبت آئی اور سلسلے بھی نام تمام رہے، جن کی تکمیل اب قیامت تک ہو چکی!

بات یہ ہے کہ جب ہمارے ہاں محرکات میں اس کے سوا کچھ نہ ہو کہ "ہر فعل خود اپنی مکافات ہے۔" تو ان اساتذہ سے جو کچھ ہمیں ہاتھ آیا وہ بھی ہمارے استحقاق سے کہیں زیادہ تھا۔

علی گڑھ ایک تاریخی قوم کی مرکزیت کا مدعی ہے، لیکن لاکھوں روپیہ خرچ کرنے کے بعد بھی قوم نے کوئی دائرۃ التالیف قائم نہیں کیا، نہ ان عناصر کو جن کے نام بار بار گناتا رہتا ہوں، وہ کبھی تصنیف و تالیف کے لئے ایک جا کر سکا، اردو لٹریچر

کا اطلاق صحیح معنوں میں صرف انھیں حکمائے ادب کی دماغی پیداوار پر ہو سکتا ہے، اگر آپ کو اس سے اتفاق نہ ہو تو اسے اپنی قاصر النظری اور قوم کی "شامت اعمال" پر محمول کیجئے، جس کو اتنا بھی احساس نہیں کہ تصنیفی دور آخری تاجدار سخن یعنی شبلی کے ساتھ ہمیشہ کے لئے پیوند خاک ہو گیا۔

سب تو سب، حیدر آباد سی شائستہ ریاست کو یہ خیال نہ آیا کہ سید علی آزادؔ، نذیر احمد اور حالیؔ و شبلی کو جن میں آزاد کے سوا سب اس کے خوان نعمت کے خوشہ چیں تھے، صرف تصنیف و تالیف کے لئے وقف کر دیا جائے۔ یہ لوگ معقول وظیفوں پر ایک جگہ رکھے جاتے اور یہ طے کیا جاتا کہ لٹریچر کی فطری ضروریات کے لحاظ سے کون کون کام ترتیباً زیادہ اہم ہیں اور ان پر عالمانہ کتابیں لکھوائی جاتیں۔ سید علی سا ہمہ داں جہاں موجود ہو، وہاں "اکبری نورتن" کی طرح "پنجتن آصفی" کا عالم موجود میں نہ آنا ایک ایسی بدنصیبی ہے جس کی تلافی اب کبھی نہیں ہو سکتی۔ "سلسلہ آصفیہ" اگر برائے نام نہ ہوتا اور فرمانروائے وقت کو کچھ بھی دلچسپی ہوتی تو دنیا دیکھ لیتی کہ "عہد عباسیہ" جہاں تک ادبی فتوحات کا تعلق ہے، نئے سرے سے واپس آگیا ہے، لیکن گذری ہوئی بات کا رونا کیا، میں پھر یاد دلانا چاہتا ہوں کہ ملک کا تصنیفی دور ہمیشہ کے لئے ختم ہو گیا، بیشک کتابیں آئندہ بھی لکھی جائیں گی، لیکن میری غرض ردیات سے نہیں، اعلیٰ لٹریچر سے ہے جس کی فصل ایک دم سے ہمیشہ کے لئے ختم ہو گئی۔

ثبوت لیجئے! علی گڑھ کالج ۴۰ سالہ جدوجہد کے بعد ایک مصنف بھی اس وقت تک نہ پیدا کر سکا۔ آپ جانتے ہیں یہ کس بات کی پھٹکار ہے؟ نری انگریزی دانی سے

خواہ وہ کسی پایہ کی ہو، مشرقی طبائع میں مادہ نہیں ہوتا، لڑکوں کو یہ موقع نہیں ملتا کہ وہ انگریزی سے پہلے یا ساتھ ساتھ عربی فارسی کی تحصیل کر سکیں جس پر ان کی مادری زبان کی ترقی کا انحصار ہے، زبان عربی میں کتنی ہی دستگاہ ہو لیکن اس طرح لکھنا پڑھنا مشکل ہے کہ اہل زبان کو اس میں لطف آئے۔ نتیجہ یہ ہے کہ انگریزی ٹکسالی ہونے سے رہی، اردو میں یہ اظہار خیال کرنا نہیں چاہتے، یا صاف کیوں نہ کہوں ان کو آتی ہی نہیں اور چونکہ اردو لٹریچر سے بیگانگی کو یہ اپنا شرف امتیازی سمجھتے ہیں، اس لئے ان کے ہاتھوں ابھی مدتوں ہم کو اردو ادب میں کسی اضافہ کی امید نہیں کرنی چاہئے۔ اگر یہ صحیح ہے کہ کوئی قوم دنیا میں اپنے مجموعہ خصائص سے علیحدہ ہو کر ترقی نہیں کر سکتی تو صرف یہی نہیں کہ آج کل کے نوجوانوں کے لئے مادری زبان کا رونا ہے بلکہ ایک وسیع حد تک ان کے مستقبل کی طرف سے بھی مایوسی ہے۔

یہ ایک کھلا ہوا راز ہے کہ جو بساط ابھی دیکھتے دیکھتے اٹھ گئی، یعنی لٹریچر کے جو حقیقی مالک تھے، وہ قریب قریب سب ایسے تھے جنھیں مشرقی تعلیم نے پیدا کیا تھا اور جن کو "مغربیت" کچھ یونہی سی چھو گئی تھی، لیکن ان کی قوت اجتہادی کا مظہر وہ معرکۃ الآرا سرمایۂ ادب ہے جو ورثہ میں وہ ہمارے لئے چھوڑ گئے ہیں۔ بہر حال نوجوان طبقہ کی بیگانہ وشی بہت ہی لائق افسوس ہے، لیکن دنیا میں کوئی کلیہ نہیں جس میں استثنا نہ ہو۔ میں دیکھتا ہوں اس طبقہ میں ایک شخص ایسا پیدا ہو گیا ہے جو اوروں کی ناک رکھ لے گا۔ میری غرض لائق عبد الماجد سے ہے جو انگریزی کی تکمیل کے ساتھ اردو لٹریچر کا نہایت صحیح مذاق رکھتے ہیں اور آج ان کے قلم کے سایہ میں دو فلسفیانہ کتابیں ایسی موجود ہیں جن پر ادب اردو ناز کر سکتا ہے، چونکہ شروع ہی

سے پیمانہ تصنیف اونچا اختیار کیا گیا ہے اس لئے آئندہ ہم کو ان سے بہت سی توقعات ہیں، میں ابھی زیادہ کھلنا نہیں چاہتا کیونکہ ان کو نظر بد کے اثر سے بچانا ہے۔

شبلی کا مطمح نظر ایسی ہی تعلیم تھی جس میں انگریزی کے ساتھ مشرقی زبانوں کی بھی تکمیل ہو اور آج ہم دیکھ رہے ہیں کہ "دار المصنفین" جو چند نوجوانوں کے ہاتھ میں ہے، مرحوم کے خیالات کی تصویر مرئی ہے، جس قابلیت کے ساتھ مولوی سلیمان ندوی، ایک مختصر علمی جماعت سے کام لے رہے ہیں، اور جس پیمانہ پر وہ تالیف و تصنیف کے صیغہ کو وسعت دینا چاہتے ہیں، میرے دعویٰ کے ثبوت میں ہے کہ نری انگریزی دانی کسی درجہ کی ہو، قوم و ملک کے لئے جہاں تک دماغی مشاغل کا تعلق ہے، ایک بے کار سی چیز ہے۔ "معارف" کو دیکھئے تو معلوم ہو گا کہ رفقاء "دار المصنفین" کیا کرنا چاہتے ہیں اور خیر الاخلاف ہونے کی ان میں کہاں تک اہلیت ہے۔ میرا خیال ہے تصنیفی افق جو ایک دم سے تاریک ہو گیا تھا، دفعتاً امید افزا ہو چلا ہے اور اگر موجودہ رفتار بھی قائم رہ سکی تو اس علمی جماعت کی متفقہ کوشش سے ایک نئے دور کا آغاز ہو گا جس کی نہایت سخت ضرورت ہے۔

انجمن ترقی اردو سے چنداں امید نہیں، لائق سکریٹری ہر سال چند بے غایت رسائل کی اشاعت کو فرض کفایہ سمجھتے ہیں لیکن دراصل اس قسم کی بے اصول اور خود رَو اشاعت سے زبان کی ترقی نہیں ہوتی۔ میں نہیں جانتا اس وقت تک کوئی لائق ذکر کام کیا گیا ہے جس سے کسی حد تک زبان کا دائرہ وسیع ہوا ہو، میں "فلسفہ تعلیم" کے بعد "فلسفۂ جذبات" اور "فلسفۂ اجتماع" کی اہمیت سے ناواقف نہیں ہوں، لیکن ان کو چھوڑئے، محض طالب علمانہ رسائل جن کا آئے دن اعلان ہوتا رہتا ہے، اور

جن میں اظہار خیال کی حیثیت سے مجتہدانہ روح نہ ہو کس کام کے ہیں۔ انجمن کو سرے سے یہی نہیں معلوم یا وہ جاننا ہی نہیں چاہتی، کسی زبان کی ترقی کے عناصر ترکیبی کیا ہوتے ہیں، یہ بات حیدرآباد یا لکھنؤ میں چند افراد کی خود رائی سے طے نہیں ہو سکتی۔ یورپ کے کسی مستشرق سے پوچھئے جو دنیا کے مختلف لٹریچر کے نظامات طبعی پر نظر غائر رکھتا ہو تو وہ بتائے گا، دراصل آپ کے کرنے کے کام یہ ہیں،

(۱) جامع اللغات اردو۔

(۲) محاورات۔

(۳) لغات الاصطلاحات۔

(۴) لغات فارسی جہاں تک اردو کی تکمیل کا تعلق ہے۔

(۵) لغات عربی به ترتیب جدید۔

(۶) ادب العالیہ (اردو) ۱۲ ضخیم جلدوں میں۔

(۷) جامع القواعد (اردو)

(۸) عقلیات (یعنی فلسفہ اور سائنس کی ہر شاخ پر ایک مستقل کتاب)

(۹) اردو انسائیکلوپیڈیا۔

ارتقاء زبان کی قدرتی ترتیب یہ ہے کہ اس میں صالح لٹریچر کا کافی سرمایہ موجود ہو۔ حسن اتفاق سے ہمارے پاس ایسا ذخیرہ موجود ہے کہ ہم دنیا کی اور کلاسیکس (ادب القدما) کے مقابلہ میں اسے بے تکلف پیش کر سکتے ہیں۔ اس کے بعد اردو لغات کی تدوین و ترتیب ہے، جس کی اہمیت اس قدر طے شدہ ہے کہ جب تک

آپ اسے ختم نہ کرلیں کسی دوسرے موضوع پر ادھوری طبع آزمائی نیک نیتی کے ساتھ بھی دھوکا دینے سے پہلے دھوکا کھانا ہے۔ اردو لغات کے سلسلہ میں "فرہنگ آصفیہ" کو یاد نہ کیجئے جو حشو وزوائد سے بھری ہوئی ہے جسے کاغذی کاسۂ گدائی سمجھئے جس کی تدوین آج تک ختم نہ ہوئی، اور جس کے اجزاء ہزاروں روپیہ ضائع کرنے کے بعد بھی ایک طرحی اور ہم رنگی نہ پیدا کرسکے۔

بہرحال سب سے پہلے آپ کو لغت تیار کرنا ہے، اور ایک ہی سانس میں روز مرہ اور محاورات کو ایکجا کرنا ہے، جن سے زبان کی آرائش ہی نہیں ہوتی بلکہ اس کی نزاکتیں زبان کے حسن اور اس کی کیفیت کو بڑھاتی چڑھاتی رہتی ہیں۔ آپ کو شاید یہ معلوم نہیں کہ اردو اپنے ذخیرۂ محاورات کے لحاظ سے نسبتاً دوسری زبانوں سے دوم درجہ پر نہیں ہے، اس نے دنیا کی اور کلاسیکس یعنی زندہ اور مستند زبانوں سے جو کچھ لیا، اس کے سوا ذاتی سرمایہ بھی اتنا رکھتی ہے کہ مانگے تانگے کی ضرورت نہیں، لیکن سرمایہ کا بہت بڑا حصہ جو امانت دار تھے ان کے ساتھ ضائع ہو چکا، بچے کھچے، بکھرے ہوئے موتی دلی لکھنؤ میں کچھ اب بھی مل جائیں گے، ان کو سمیٹئے اور گلے کا ہار بنایئے۔

جذبات عشق نے دنیا میں ہمیشہ مشق سخن کی ہے اور نازک سے نازک پیرایۂ اظہار خیال پیدا کئے ہیں۔ آج کسی کو فرصت و لیاقت ہو تو مشرق کو مغرب سے ٹکرا کر ایسی آگ پیدا کی جاسکتی ہے جو دلوں کو جلائے گی نہیں صرف گرمائے گی، لیکن جن کو گھر کی خبر نہیں وہ غیروں کی نکتہ آرائیوں سے کہاں تک لطف اٹھانے کی صلاحیت رکھتے ہیں۔ سرسری طور پر دو مصرعے لیجئے جو جذبات میں ڈوبی ہوئی اس

سے کہہ رہی ہے جس کے دل کی مالک ہے،

کر چکے تم تو دشت پیمائی

مجھ سے گھر بیٹھے خاک چھنوائی

اور دنیا کی کسی زبان میں یہ بات دکھا دیجئے جو ان نہایت سلیس لیکن فصیح مصرعوں میں ادا کی گئی ہے۔ یہی وہ خصوصیت ہے جس سے آپ کی اردو بڑی بڑی آبرو دار زبانوں پر فوقیت رکھتی ہے، ہزاروں محاورات ہیں جو دلی اور لکھنؤ والوں کے روزمرے میں داخل ہیں اور جن پر جان دینے کو جی چاہتا ہے۔ محاورات تو پھر بھی ایک چیز ہیں، لیکن اس کے توابع مہمل بھی اتنے دلکش ہیں کہ یہ کہیں اور نہ دیکھئے گا، بیشک اردو فنا ہونے والی نہیں اور وہ اس وقت تک زندہ رہے گی کہ بیویاں تو خیر، گھر کی ایک ماما بھی چمک کر "نوج" کہنے والی موجود ہے۔ لیکن میری غرض یہ ہے کہ ایسی خوبصورت، ایسی خوش سیرت، ایسی لطیف و نکتہ خیز زبان اگر آپ کے ہاتھوں اپنی عزت نفس کو قائم نہ رکھ سکی تو اس کا ہونا گویا نہ ہونا ہے۔

ہاں تو میں کہنا یہ چاہتا ہوں کہ لغات اردو کے بعد اصطلاحات کا درجہ ہے، یہ پہلی شق سے کم نہیں ہے۔ مغربی لٹریچر کو اگر آپ اردو قالب میں ڈھالنا چاہتے ہیں تو اس کے لئے بڑی ضرورت یہ ہے کہ مصر سے ذخیرۂ الفاظ منگوائیے، میری غرض علوم فنون سے زیادہ کمال انشا پردازی سے ہے۔ ہم اچھے سے اچھے خیال کو اردو میں اس لئے نہیں لے سکتے کہ الفاظ نہیں ملتے، اس لئے دل کا ارمان پورا نہیں ہوتا، یعنی ہم ایک خاص طرح کے گونگے ہیں کہ سننے اور سمجھنے کے بعد بھی کسی خیال کو اپنی زبان میں ادا نہیں کر سکتے۔

سکریٹری صاحب انجمن اردو نے اپنی ایک رپورٹ میں علم ہیئت کے مصطلحات کے جمع کرنے کی بشارت دی تھی لیکن ممدوح کو یاد نہیں رہا کہ کارزمین کی تکمیل سے پہلے "بآسمان پر داختن" ایک غیر طبعی بلند پروازی ہے، جس سے بجائے اس کے کہ لٹریچر کے مختلف زاویوں کی توسیع ہو، اس کی حق تلفی ہوتی ہے اور یہی غیر منطقی ترتیب ہے، جس سے آج تک صرف اتلاف قوت ہوتا رہا اور کوئی کام کی بات نہ ہوئی۔

قوم میں لکھے پڑھے (صحیح معنوں میں) تھوڑے ہیں، ان میں بھی تھوڑے ہی ایسے ہیں جو صحیح قوت فیصلہ رکھتے ہیں، یا جن کے دماغ میں لٹریچر کے نازک مسائل کے جذب کرنے کی صلاحیت ہے، لیکن تعجب یہ ہے کہ نہایت موٹی باتیں بھی ان لوگوں کو سمجھ میں نہیں آتیں، جو ایک مخلوق بے غایت یعنی ۶ کروڑ "حشرات الارض" کی ادبیات کے نقیب بننا چاہتے ہیں۔ یقین کیجئے، ان دماغوں کی ساخت دنیا کی طبی معلومات میں اضافے کرے گی جن کو ترک "فرائض" کا احساس نہیں، لیکن "نوافل" پر اصرار ہے۔ آپ کہتے ہیں "البیرونی" اور "مقدمات الطبعیات" پڑھو! جن میں ایک حرف مجتہدانہ نہیں، مجھے نہایت ادب سے یہ عرض کرنا ہے کہ ان کے پڑھنے کے بعد بھی میں اتنا ہی کورا رہا جتنا استفادہ سے پہلے تھا اور دردسری بیکار گئی، جس کا افسوس ہے۔

میں یہ لکھ رہا ہوں اور عنقریب علی گڑھ میں دوم درجہ کی تالیفات کی دوسری کھیپ یا اس کا اعلان ماسبق، حسن کارگذاری کا دفتر بڑھانا ہوگا، لیکن سوال یہ ہے کہ لٹریچر صرف سادے کاغذ پر سیاہی پھیلانے سے کہاں تک حقیقی فوائد حاصل کرسکتا

ہے؟ وقت کا فیصلہ تو کچھ اور ہے، وہ صاف کہہ رہا ہے،

"این بجوئے مانمی ارزد"

بہر حال مصطلحات اردو اس قدر ضروری ہیں کہ ان کے ہوتے کسی اور کام کو شروع کرنے کی ضرورت نہیں۔ لغات جدیدہ جس میں ایک فاضل مؤلف نے ۴ہزار الفاظ جمع کر دیے ہیں، آنکھ رکھ کر نہ دیکھنے والوں کی چشم نمائی کے لئے کافی ہیں، کم سے کم اس کے پانچ سو صفحے تو ہوں۔ خیالات کا سلسلہ ہے کہ ختم نہیں ہوتا اور مجھے ابھی کچھ اور کہنا ہے۔ کسی زبان کے ابتدائی نشو اور ارتقاء تدریجی کے لئے جس قسم کے وسائل ترتیبی کی ضرورت ہے، ایک یورپین مستشرق کے خیال کے مطابق جستہ جستہ عرض کر چکا ہوں اور یہ وہ منطقی ترتیب ہے کہ اگر واقعی اردو لٹریچر کو زندہ رکھنا ہے تو ایک منٹ کے لئے بھی اس سے قطع نظر نہیں ہو سکتی۔

مگر مشکل یہ ہے کہ کرنے والے کہاں سے آئیں گے۔ جو لوگ کر سکتے تھے، وہ آج منوں مٹی کے نیچے دبے پڑے ہیں۔ علی گڑھ کی مقتدر جماعت نصف صدی کی مشق و مہارت کے بعد بھی اس لائق نہیں ہے کہ زبان کے مسئلہ پر اس حیثیت سے غور کرے کہ بقائے قوم کے لئے (اگر اس کی ضرورت ہو) سب سے زیادہ قوی عنصر یہی ہے۔ کانفرنس اس قسم کی تضیع اوقات پسند نہیں کرتی، وہ ایک عملی چیز ہے، سر سید کے وقت میں ایک آدھ لکچر ہو جاتے تھے جن پر انشا پردازی کچھ دنوں اتراتی رہتی تھی، اب فرط سنجیدگی نے یہ سلسلہ بھی باقی نہیں رکھا۔

قوم میں بہیئت مجموعی جہاں تک نفس لٹریچر کا تعلق ہے کوئی روح اجتماعی نہیں، امرا کو صرف اسی کا شوق نہیں، ملک میں کبھی کبھی خارجی اسباب سے عارضی

تحریک پیدا ہو جاتی ہے، لیکن وہ باسی کڑھی کا ایک ابال ہوتا ہے کہ آیا اور گیا، لٹریچر کا مذاق صحیح نہ پہلے تھا نہ اب ہے، یہ وہ راز ہے جس کی بے نقابی لٹریچر کے ساتھ مٹنے والی قوم کے مستقبل کو صدیوں پہلے دفعتاً ہمارے پیش نظر کر دیتی ہے۔ جس طبقہ سے بڑی امیدیں تھیں، وہ "بالغ العلوم "ہونے کے بعد بھی اپنی زبان سے ناآشنا سا رہتا ہے جس کی خوش بیانی اور لطافت کا اسے بالکل احساس نہیں۔

عورت کتنی ہی حسین ہو، لیکن چاہنے والا اس کی خوش ادائی کو آنکھ اٹھا کر نہ دیکھے تو آرزوؤں سے بھرے دل پر کیا گذرے گی، ایسا سہاگ کس کام کا جو جیتے جی بیوگی سے بھی گیا گذرا ہو، غرض اردو کی طرف سے یہ بے التفاتی ایک قومی مسئلہ ہے جس پر ملک کے شائقین ترقی کو اپنی سب سے پہلی فرصت میں توجہ کرنی چاہئے۔

میں پھر اعادہ کرتا ہوں کہ تصنیفات کا دور ختم ہو چکا، لیکن جو کتابیں پڑھنے کے لائق ہیں ان کو بھی لوگ نہیں پڑھتے۔ اس سے زیادہ خراب حالت صحافت کی ہے جو رائج الوقت لٹریچر کو وقف عام کرنا چاہتی ہے۔ اخبار اور رسالے عالم وجود میں آنے کے بعد ایک وقت خاص تک آپ ہی آپ چلتے ہیں، یعنی شائع کرنے والوں کی وضعداری ان کو جاری رکھتی ہے، لیکن آخر کب تک؟ بہار سے پہلے ان کے حصہ میں خزاں آتی ہے، اور یہ ان کی عنایت ہوتی ہے جن کی دماغی تفریح کے یہ جرائد ذمہ دار ہوتے ہیں۔ خریداروں میں مشکل سے دو چار کو آپ زر بکف پائیں گے، ورنہ حصۂ غالب ادائے قیمت کو ایک طرح کی شکست سمجھتا ہے۔

تجارتی لٹریچر سے قطع نظر کیجئے، اچھے اچھے اخبار اور رسالے صرف چار دن کی

چاندنی ہیں کہ آئی اور گئی، بہتیرے بند ہو گئے، کچھ سسک سسک کر چل رہے ہیں، ایک آخری ہچکی کے ساتھ یہ بھی رخصت! یہ مادیت کا دور ہے، ہر چیز اپنی قیمت چاہتی ہے، نرے توکل سے کام نہیں چلتا، جسے آج کل فاقہ کا مرادف سمجھئے۔ ہمارے ہاں جس طرح پڑھنے کا دستور نہیں، ادائے قیمت بھی شائستہ زندگی کا کوئی اصول نہیں۔ اس لئے مدتوں یہ امید نہیں کہ صحافت ہماری زندگی کی رونق بڑھائے اور جب سرے سے دو وقت کی روٹیوں ہی کے لالے ہیں تو سمجھ میں نہیں آتا ایک فاقہ مست طبقہ خون جگر سے کہاں تک ہمارے ادبی مذاق کی شادابی کو قائم رکھ سکتا ہے۔

بہر حال اردو کانفرنس ہو یا انجمن ترقی، اسٹیج کی خوش بیانی سے زیادہ ضرورت اس کی ہے کہ ہم اس امر پر غور کریں کہ موجودہ نسل کو کس طرح اردو داں بنایا جائے، جس کی حالت اس بگڑی ہوئی عورت کی سی ہے جو شوہر کے ہوتے 'بوئے غیر' کی شائق ہو اور وہ کون سے وسائل ہیں جن سے طبائع عام کی بے التفاتی میں ترغیب و تشویق کی روح پیدا ہو سکتی ہے۔

یہ مسئلہ فی نفسہ اس قدر مہتم بالشان ہے کہ اسے صرف اردو لٹریچر نہیں بلکہ قوم کا عنوان زندگی سمجھئے، اگر اسے آپ سلجھا سکے، یعنی قوم کے وجدان و مذاق میں جہاں تک زبان کا تعلق ہے کوئی مستقل تغیر پیدا ہو سکا تو میرا خیال ہے فضائے تاریک بتدریج صاف ہوتی جائے گی اور جن تالیفات کی ضرورت دکھائی گئی ہے، ان کی ترتیب ہم کو اپنے مقاصد کی تکمیل سے قریب تر کر دے گی۔ دنیا میں کوئی قوم دکھا دیجئے جس نے اپنی مادری زبان سے علیحدہ ہو کر ترقی کی ہو۔

آج یہ طے شدہ ہے کہ کوئی قوم ترقی نہیں کر سکتی جب تک اتحاد مذہب کے ساتھ اس میں اتحاد خیال اور اتحاد زبان نہ ہو۔ مذہبی اتحاد کو تو تیرہ سو برس کافی نہ ہوئے، اسی طرح امید نہیں کوئی قومی تخیل قوم کی مشترک خواہشات کا مرکز عام ہو، لیکن زبان کی یہ حالت نہیں، مدت کی منھ لگی اور اختیاری ہے، فلسفہ کا یہ مسئلہ کہ مستقبل ہمیشہ ماضی اور حال کا نتیجۂ اضطراری ہوتا ہے، قریب قریب سائنس یعنی یقینیات کی حد تک پہونچ گیا ہے۔ جو دور ابھی ختم ہوا ہے وہ لٹریچر کا "عہد زریں" تھا۔ آپ کو صرف یہ کرنا ہے کہ کسی طرح عہد موجودہ کو سنبھال لیجئے تو حصول کامیابی چنداں دور نہیں۔

لیکن جس پیمانہ پر آپ آج تک چلتے رہے، اس کی خودروی منزل بے غایت کی ایک بھول بھلیاں ہے، جس کے چکر، مجھے افسوس کے ساتھ کہنا پڑتا ہے آپ کو مقصود سے ہمیشہ دور رکھیں گے۔ اب بھی وقت ہے کہ پچھلی حماقتوں کی تلافی کیجئے اور سوچ سمجھ کر طے کر لیجئے کہ جہاں تک اردو لٹریچر کی ترقی تو خیر، بقا کا تعلق ہے، در اصل ہم کو کیا کیا کرنا ہے۔ میں پھر آپ کے ہاتھ میں سو سوا سو صفحوں کا ایک نامکمل رسالہ دیکھ رہا ہوں جس کو آپ دل ہی دل میں اردو کی لائق رشک فتوحات میں سمجھ رہے ہیں، مگر یہ میری چڑھ ہے، آپ کی خودرائی بزعم خود تعلیم یافتہ دماغ کی ایک اپج سہی، لیکن مجھ کو اگر آپ کی مجتہدانہ قابلیت میں شک ہو تو لائق معافی ہوں۔

میں نہیں مانتا کہ آپ کی نظر ان نکات پر حاوی ہے جو کسی زبان کی قدرتی ترقی کے عناصر مؤثرہ یعنی ایسے اجزائے ترکیبی ہیں جن پر قواماً اور براہ راست زبان کا بننا بگڑنا منحصر ہے، اس لئے بلاخوف تردید پھر کہنا چاہتا ہوں کہ جب تک اردو کے پاس

ایک ضخیم جامع اللغات اور محاورات و اصطلاحات کا پورا دفتر نہ ہو، آپ کی ناقص اور ادعائی کوششیں "نادان دوست" کے خلوص سے زیادہ وقعت نہیں رکھتیں۔

آپ شاہراہ سے کترا کر تنگ گلیوں اور ناہموار راستوں سے قطع منازل چاہتے ہیں اور یہ جہاں تک کمالات علمی کا تعلق ہے ایک غیر حکیمانہ روش ہے، لٹریچر کا آخری نوٹس یہ ہے جسے یاد رکھئے کہ، "عمارت کی ترمیم ہوگی یا عمارت خود نہ ہوگی۔"

***

۳

نامی پریس کانپور کی لٹریری خدمات

پھر جگر کھودنے لگا ناخن

سینہ جویائے زخم کاری ہے

آج کل دو کتابیں سرعت کے ساتھ "نامی پریس" میں چھپ رہی ہیں، ایک تو یادش بخیر اس کی جدید تالیف جو آج ادبی حیثیت سے ہزارہا تربیت یافتہ دماغوں کا حکمران ہے، یعنی "مسلم شبلی" کی تقریظ مثنوی، دوسری ان کے خلیفۂ وقت، یعنی "مؤلف البرامکہ" کا نقش ثانی ہے، یعنی تذکرۂ نظام الملک طوسی جو سلسلۂ وزرائے اسلام کی دوسری جلد ہے۔

متعلق ان کتابوں پر تفصیلی نظر اس سلسلۂ مضامین کا موضوع خاص ہوگا جو آئندہ تالیفات جدیدہ کے عنوان سے البشیر میں ملک کے "شریف تر لٹریچر" سے متعلق مستقلاً قائم کیا جائے گا، یہاں بالتحقیق یہ دکھلانا ہے کہ جس زمانہ سے سرسید نے لکھنے پڑھنے کو رواج دیا، یعنی ایک خاص طرح کا لٹریچر عالم وجود میں آیا، ساتھ ہی مرحوم کا یہ بھی خیال تھا کہ لٹریچر کی ترقی کے لیے ٹائپ کا رواج لازم سا ہے، یعنی وہ ملک میں روز افزوں دماغی ضروریات کے لحاظ سے پتھر کی گھس گھس کو پسند نہیں

کرتے تھے، چنانچہ مطبوعات "سائنٹفک سوسائٹی" وغیرہ کا بیشتر حصہ اور تہذیب الاخلاق کے پرچے ہمیشہ ٹائپ میں چھپے۔ رفتہ رفتہ علی گڑھ کی صدائے اصلی اور آواز ہائے بازگشت کا ایک اچھا خاصا مجموعہ تیار ہونے لگا۔ سال کے سال کانفرنس نے بھی لٹریچر میں مستقل اضافے شروع کیے، ان کے لیے کسی اضافی مگر خوش حیثیت پریس کی ضرورت تھی، اس تقریب سے مفید عام آگرہ منظر عام پر آیا اور لٹریری دنیا روشناس ہوئی۔

علی گڑھ لٹریچر کا زیادہ تر حصہ مفید عام نے شائع کیا ہے اور جن صاحبوں نے ابتدائی پاکیزہ مطبوعات اور آخر آخر میں تمدن عرب کے کے ٹھاٹھ دیکھے ہیں وہ اسے تسلیم کریں گے کہ اس "صوفیانہ پریس" نے شریف تر لٹریچر کی اشاعت میں جس قدر حصہ لیا ہے اس کے نتائج وسیع تاریخی حیثیت رکھتے ہیں، وہ نقوش جو ظاہراً پتھر سے کاغذ پر منتقل ہوتے رہے، آج اس لطیف دماغی سطح پر ہیں جو ہمیشہ "معلمان غیر ذی روح" کا تختۂ مشق رہی ہے، جس کے آثار اگر خصائص قومی، کوئی چیز ہیں تو رہتی دنیا تک مٹنے والے نہیں۔

مختصر یہ کہ سرسید اور ان کے لٹریری دائرہ نے کبھی اسے پسند نہیں کیا کہ ان کی تصنیفات کسی عامیانہ پریس کو دی جائیں، اس لیے صرف "مفید عام" سے واسطہ رکھا گیا، جس نے اپنے فرائض خودداری کے ساتھ ادا کئے، ورنہ ملک میں دوئم درجہ کے مطابع، آڑے ترچھے حاشیوں کے ساتھ "نسخۂ لاجواب مفید ہر شیخ وشاب" کے شائع کرنے والے کم نہیں ہیں، جہاں نری "مولویانہ تصنیفات" آئے دن "سیاہ وسفید" قالب اختیار کرتی رہتی ہیں۔

ایک حکیم کے خیال میں شائستگی کا خلاصہ یہ ہے کہ زندگی کے جتنے صیغے ہیں عملاً ان میں متناسب موزونیت ہو، یعنی شائستگی کا کوئی رکن کسی حیثیت سے چھوٹنے نہ پائے، یہ نہیں ہو سکتا کہ جہاں کوئی صاحب مغربی تہذیب اور لباس سے آراستہ پیراستہ ہیں، کبھی ایسا بھی ہوا کہ ہوتے ساتے صرف "لنگوٹی" پر قناعت کی گئی ہو (میری غرض اس لفظ کے صرف اصطلاحی مفہوم سے ہے) شاید یہ ایک طرح کا بے ساختہ پن ہو، تاہم اس کے مکروہ ہونے میں تو شک نہیں لیکن ہم میں بڑے سے بڑا سفید پوش بھی اکثر ان اوصاف سے معرّا دیکھا جاتا ہے اور بے تمیزی ایک طرح کی سادگی سمجھی جاتی ہے۔

بہر حال جس خاص موزونیت کی طرف میں آپ کو لے جانا چاہتا ہوں، اس کا اقتضائے طبعی یہ ہے کہ زندگی کی ہر شاخ میں متوازی اور مساوی ترقی کے آثار پائے جائیں یعنی بے تکا پن نہ ہو، اگر میں غلطی نہیں کرتا تو سر سید کے تمام افعال ارادی اور اضطراری میں اس اصول کی رعایت ملحوظ ہوتی تھی۔ جس طرح وسیع نظامات پر انہوں اپنے عظیم الشان تخیل کی بنیاد قائم کی تھی جس کے مادّی شواہد آج ہم اپنی آنکھوں سے دیکھ رہے ہیں۔ یہی اہتمام وہ چھوٹی سے چھوٹی بات کے لیے کرتے تھے جو کالج یا اس کے متعلقات کا ایک جزو ہو سکتی تھی۔

یہ ظاہر ہے کہ مرحوم کے بعد علی گڑھ لٹریچر میں بلحاظ وصف یا مقدار چنداں اضافہ نہیں ہوا، یہ اور بات ہے کہ کبھی ضرورت ہوئی تو پڑھے ہوئے سبق دہرائے گئے، تاہم اس نہیں نہیں پر بھی کچھ نہ کچھ مواد جمع ہوتا رہتا ہے، مگر یہ کس قدر افسوس کی بات ہے کہ وہ عموماً غیر وقیع مطابع کو دیا جاتا ہے جو آج کل ہر گلی

کوچے میں حشرات الارض کی طرح نکل پڑے ہیں۔

پچھلے چند سالوں کی کانفرنس کی رپورٹوں کو دیکھئے کتنی بُری چھپی ہیں جنہیں دیکھ کر نفرت ہوتی ہے۔ خود سرسید کی ایک لائق قدر تصنیف ایک بازاری پریس سے ہوکر نکلی، یہ "لنگوٹی" نہیں تو اور کیا ہے؟ یہ امور کتنے ہی رکیک ہوں تاہم ایسے خاصان قوم کے اصلی مذاق کی ایک حد تک غمازی تو ہوتی ہے۔ مجھے اصرار ہے کہ "علی گڑھ لٹریچر" کو بلا استثناء اول درجہ کے پریس میں چھپنا چاہیے، موجودہ پالیسی لائق اصلاح ہے اور شاید اسی کا اثر ہے کہ "مفید عام" کی لطافت اور صفائی میں بھی ایک طرح کا انحطاط شروع ہو گیا ہے، یعنی وہ پہلی سی بات نہیں، قاعدہ ہے بازار میں زیادہ تر وہی چیز آتی ہے جس کی عموماً مانگ ہوتی ہے۔

لیکن میں نہایت خوش ہوں کہ آج کل ایک "شریف پریس" ملک کے "شریف تر لٹریچر" کے لیے وقف خاص ہو رہا ہے اور اپنے طرز عمل سے ثابت کرتا جاتا ہے کہ بیسویں صدی کے اختراعات کے ساتھ ہی "لیتھوگراف" کے صنعتی تصرفات ایسے نہیں ہیں جن سے ایک منٹ کے لیے بھی دست بردار ہونا ممکن ہے، مضطرب یورپ کی عاجلانہ ضرورتیں صرف ٹائپ کی سرعت رفتار سے پوری ہو سکتی ہیں، لیکن وہاں بھی تزئین و آرائش کے موقعوں پر لیتھوگراف کی ضرورت ہوتی ہے، گو طریقہ کارروائی کسی قدر مختلف ہو، ہم کو نامی پریس کا ممنون ہونا چاہیے کہ وہ ایسے زمانہ میں جب کسی چیز کی اچھائی کا اندازہ اس کے اوصاف سے نہیں بلکہ سستے داموں سے کیا جاتا ہے، قیمتی لٹریچر کے اجزائے زرّیں غیر معمولی نفاست و پاکیزگی سے پیش کرتا رہتا ہے، اور غالباً وہ اس حثیت سے تمام مشرق میں منفرد ہے۔

ملک میں آج پانوں کے ولایتی جوڑوں پر معمولاً ایک اشرفی صرف کرنے والے تو بہیترے ہیں، لیکن اس وضع دار جماعت میں کتنے ایسے ہیں جو بالالتزام نامی پریس کی شائع کردہ "جلد ہائے خاصہ" کی خریداری کو حفظ مرتبت کا ایک ضروری جزو سمجھتے ہوں، بہر حال سچی وقعت کی کمی سے لٹریچر کی کتنی ہی کساد بازاری ہو، تاہم نامی پریس اصولاً جرمنی نہیں، بلکہ انگلش ہے، یعنی اس کی پیداوار آخور کی بھرتی نہیں ہوتی بلکہ جو چیز ہے ٹکسالی اور آپ اپنی نظیر ہے۔

اس وقت تک اس پریس سے جتنی لائق ذکر تصنیفات نکل چکی ہیں، ان کی تفصیل غالباً یہ ہے۔(۱) الفاروق (۲) البرامکہ (۳) حیات جاوید (۴) رباعیات حالی (۵) الغزالی (۶) الکلام (۷) دیوان شبلی

بعض جزئیات کی تصریح خاص لٹریری مقاصد کے لحاظ سے ناگزیر سی ہے، اس لیے میں بتانا چاہتا ہوں کہ "الغزالی" کی جلد خاصہ کے لیے جو کاغذ استعمال کیا گیا ہے، غالباً اس سے پہلے ملک کی کسی تصنیف کو اتنا قیمتی کاغذ نصیب نہیں ہوا، کم و بیش یہی حال اور کتابوں کا بھی ہے۔ خطّاطی اور چھپائی ایک سے ایک بڑھ کر، بس یہ معلوم ہوتا ہے سنگ مرمر پر سنگ اسود کی پچی کاری کی گئی ہے۔ یورپ میں "بیسکرول" بہترین ساخت کا کاغذ سمجھا جاتا ہے جس کی کتابی تقطیع کے ایک کوائر یعنی ۱۲۰ تختوں کی قیمت گیارہ روپے ہوتی ہے، لیکن نامی پریس نے حال میں ایک کاغذ منگوایا ہے جو "بیسکرول" کی طرح برف سا سفید اور نہایت چکنا اور لطائف میں اس سے بڑھا ہوا ہے، یعنی ہلکا ہے اور لاگت میں تو نسبتاً کچھ نہیں۔ "الکلام" اور "دیوان شبلی" قسم اول میں یہی کاغذ لگایا گیا ہے، اور اسی پر تالیفات موعود کی جن کا

ذکر شروع میں آ چکا ہے، جلد خاصہ چھپ رہی ہے۔ ناظرین قبل از وقت درخواستیں بھیج کر ایک ایک جلد اپنے لیے محفوظ کرا سکتے ہیں۔

تالیفات متذکرہ کے علاوہ دو کتابیں اور ہیں جو منشی رحمت اللہ رعدؔ نے خاص اہتمام سے اپنی ایڈیٹری میں شائع کی ہیں۔

یعنی "دیوان حافظ" اور "آثار الصنادید" اور یہ ایک ایسی مفید جدت ہے جس کی طرف ملک کے اور لائق اصحاب کو بھی متوجہ ہونا چاہیے، آج جو لوگ مستقل تصنیفات کے مالک ہیں، ان میں وقیع تراجم کا بالکل رواج نہیں ہے، اور اس کا تو خیال بھی کسی کو نہیں آتا کہ کوئی قدیم تصنیف محققانہ نوٹ و حواشی کے ساتھ شائع کی جائے، اور گو یورپ کی مستشرقیت کا اعتراف نہایت فیاضانہ الفاظ میں کیا جاتا ہے، لیکن وہاں کے نمونوں کی پیروی کا خیال، تفکر بالقوہ سے آگے نہیں بڑھتا۔ یہ بھی لٹریچر کی حق تلفی کا ایک پیرایہ ہے جو ناقدردان سخن کے ہاتھوں ہوتی رہتی ہے، بہر حال ہم رعدؔ کے ممنوع ہیں کہ انہوں نے ایک جدید پیش قدمی کی۔

ابھی مجھے یہ دکھانا باقی ہے کہ عموماً کتابوں کی لوح یعنی "سرورق" کے آرائشی تکلفات رعدؔ کی نازک خیالی اور ایجاد پسند طبیعت کا بہترین مرقع ہوتے ہیں۔ "آرٹ" کی تعریف یہ کی گئی ہے کہ وہ اپنے تصرفات کے سلسلہ میں نیچر سے قریب و متماثل ہوتا جائے۔ رعدؔ اس نکتہ کو خوب سمجھتے ہیں، اور سچ یہ ہے کہ فنون لطیفہ کی جس شاخ کو انہوں نے اپنی جدت اختراع اور صنعت آرائیوں سے چمکایا ہے، وہ ان کو من حیث الفن، اختصاصی (اسپشلسٹ) ثابت کرتی ہے اور یہ خود ایک کمال ہے۔

بعضوں کا خیال ہے کہ مسلمانوں میں کسی حد تک ارتقاء عقلی شروع ہو گیا ہے۔ اگر یہ صحیح ہے تو تھوڑی دیر کے لیے ہم دل خوش کرنے کو مانے لیتے ہیں کہ موجودہ دور (جس میں "تقریظ مثنوی" اور "نظام الملک طوسی" کی لائف عنقریب عالم محسوسات میں قدم رکھنے والی ہیں) دماغی حیثیت سے اس وقت کے گئے گزرے مسلمانوں کا "نشاۃ الشانیہ" ہے، اس خیال کے ساتھ ہی وہ "ادب العالیہ" یعنی "کلاسیکی" مجموعۂ زریں پیش نظر ہو گیا جسے "نامی پریس" نے وقتاً فوقتاً شائع کیا ہے۔ ان مکلف اور خوبصورت جلدوں کو ایک جگہ رکھ کر دیکھئے کیا یہ کسی مٹی ہوئی قوم کے عقلی آثار ہیں؟ ہرگز نہیں ! یہ صحائف زرنگار تو کچھ اور کہہ رہے ہیں، ان کی ایک ایک جلد مطبع سے براہ راست "برٹش میوزیم" انڈیا آفس پیرس کے کتب خانۂ عامہ اور اردو لٹریچر کے پروفیسر "گارسن ڈی ٹاسی کے پاس ہدیۃً بھیجنی تھیں، یعنی دنیا کے اور فائق تر لٹریچر کے دائرہ میں ان کو داخل کرنا تھا، فضل وکمال کے ساتھ صنعت کے عمدہ ترین نمونے تھے، جو یورپ میں علمی نمائش کی حیثیت سے پیش کئے جاسکتے تھے۔

ہاں ایک بات اور یاد آئی۔ آرٹسٹ رعدؔ کے دست صنعت کی موشگافیاں اس وقت تک طلائی اور نقرئی میناکاری اور مختلف قسم کی نازک رنگ آمیزیوں سے آگے نہیں بڑھیں، اس میں بھی کسی حاشیہ کی بیل کے لیے وہ نمونہ کام میں نہیں لایا گیا، جسے اصطلاح میں "کلید یونانی" کہتے ہیں، اور جو قدامت کے لحاظ سے ایک کلاسیکل چیز ہے۔

میری خواہش تھی کسی موقع پر صرف سادگی سے آرائش کا کام لیا جائے۔ ایک جدید طریقہ یہ ہے کہ حاشیہ کی درمیانی سطح یعنی پلیٹ کو دبا کر حروف ابھارے

جاتے ہیں، جس کے لیے کسی رنگ کی ضرورت نہیں، سطح کا نشیب و فراز اور کوئی خاص خیال جو نقوش میں ظاہر کیا گیا ہو، بجائے خود ایک لطیف صنعت ہے۔ اس کے لیے وہ طریقہ اختیار کرنا ہو گا جو ریلیف اور ہاف ٹاؤن پروسس میں برتا جاتا ہے، یہ خیال کافی طور پر الفاظ ادا نہیں ہو سکتا، مغربی نمونے رہبری کریں گے۔

دیوانِ شبلی کی لوح نے ترکوں کی معاشرت کی جدت کو دبایا، لیکن رعدؔ اس بڑھاپے میں ابھار کہاں سے لاتے، نتیجہ یہ ہوا کہ حروف سپاٹ رہے۔

آخر میں حضرت رعدؔ سے یہ کہنا چاہتا ہوں کہ موجودہ بے چین زندگی کے حوائج کو دیکھتے "دیر آید درست آید" ایک بے معنی سا فقرہ ہے۔ اکسپریس میں اڑنے والے (چھکڑے تو مدت ہوئی متروک ہو چکے ہیں) مسافر گاڑیوں میں سفر کرنا بھی بلائے جان سمجھتے ہیں، آپ کی "کل" خیام کی "فردائے دیروز" یعنی آج سے بدل جاتی تو اچھا تھا، آخر انتظار کی کوئی حد بھی ہے، مولانا روم اور نظام الملک طوسی سے جلد ملایئے تو احسان ہو گا۔

یہ بسیط اظہار خیال ایک مستقل عنوان کے تحت میں غالباً بعض صاحبوں کی رائے میں ایک بے جوڑ سی بات ہو گی، لیکن دنیا میں آج ذرّے بھی سالمات ہو رہے ہیں، اور کوئی ایسی چیز موجود فی الخارج نہیں ہے جس سے نظام کائنات کو کچھ نہ کچھ مدد نہ ملتی ہو، نامی پریس چونکہ بواسطہ ملک کی دماغی ترقی کا کفیل ہے، ضرورت تھی کہ لٹریری گروہ کی طرف سے قومی اخبار میں اس کے مساعی جمیلہ کا کوئی اعتراف نہ سہی، ایک مرتبہ ذکر تو آجائے۔

***

۴

شعر العجم پر ایک فلسفیانہ نظر

آج کل کے معیار زندگی میں بڑی مصیبت یہ ہے کہ "دوم درجہ" کوئی چیز نہیں یا تو صرف "لنگوٹی" ہو۔ جہاں اس سے بڑھے پھر بیچ میں رکنے کی گنجائش نہیں، ایک دم سے "اول درجہ" اختیار کرنا ہوگا۔ اصول ارتقاء کی تدریجی رفتار سے کام نہیں چلتا، درمیانی کڑیاں ملائیں، یعنی اپنی طرف سے کچھ "ایجاد بندہ" کی اور گئے! ذلیل ہوئے وہ علیحدہ۔

بہرحال یہ مغربیت کا ایک راز ہے جس سے کسی طرح مفر نہیں۔ ہزار چیخئے چلایئے، 'خچر' سے کام نہیں چلنے کا! 'گدہا' شوق سے رکھئے پھر بھی یک رنگی (یعنی ار بجنے لیٹی) ہے مگر جہاں ایک قدم آگے بڑھایا، یاد رکھئے، قطعاً 'عرب' رکھنا ہوگا۔ یہ فقرۂ معترضہ خود ایک مستقل عنوان چاہتا ہے جسے پھر کبھی دیکھئے گا، یہاں میری غرض "دوم درجہ" کے اظہار خیال یعنی 'شعر العجم' پر ایک غیر ستائشی جنبش لب سے ہے۔

ایک صاحب نے اپنے دوستوں کے اصرار سے 'شعر العجم' پر تنقید نہیں بلکہ ڈنکے کی چوٹ صرف تنقیص کی ٹھہرائی ہے اور بزعم خود 'تصویر کا رخ تاریک'

دکھایا ہے، لیکن ان کے خود رو خیالات کا بیشتر حصہ اہل تنقید (یعنی کریٹک) کی قلم آزمائی کے لئے بجائے خود ترغیب دہ مواد ہے۔ ملک میں اچھے لکھنے والے دو چار سے زیادہ نہیں ہیں، ان میں بھی تھوڑے ہی ایسے ہیں جو کسی موضوع پر 'تنقید عالیہ' (یعنی ہائر کریٹی سزم) کی صلاحیت رکھتے ہوں، شکسپیر کا وقیع ریویو ڈاکٹر جانسن لکھ سکا جو باعتبار وسعت معلومات اور مذاق 'ادب القدما' (یعنی کلاسیکل حیثیت سے) دنیا کے سب سے بڑے "شاعر" کا گویا مدّ اعلیٰ تھا۔

میرا خیال ہے ملک میں ایسے نفوس قدسی صدیوں میں پیدا ہوں گے جو منصفانہ تنقید اور تنقیص بے جا یعنی عیب گیری کی حد فاصل کا احساس کر سکیں۔ اس لئے بے محل جنبش لب سے خاموشی اچھی۔ آپ خیر سے گونگے ہوں تو اعتراض کی بات نہیں۔ لیکن بولئے اور آدمی کی طرح نہ بولئے تو مجھے ضرور شکایت ہوگی۔ اس خلوص اور سچ کا کیا ٹھکانا ہے کہ 'شعر العجم' کے جزئی عیوب بھی ریویو نگار کے خیال میں اتنے ہیں کہ اگر وہ ابھار کر دکھائے جائیں تو ایک دوسری کتاب تیار ہو سکتی ہے۔

حضرت کی نیت کی طرف سے اگر شروع ہی میں مجھے شبہ پیدا ہو گیا اور آگے چل کر میں ان کا ساتھ نہ دے سکوں تو یہ میرا قصور نہیں، خود ان کے دل کا کھوٹ ہے، جو بگڑی ہوئی زبان پر آ ہی گیا اور جس سے ایک کافی حد تک ان کی پاک طینتی کی غمازی ہوتی ہے۔

(۱) اسلم کا یہ اعتراض کہ ہر زمانہ کی شاعری کے جداگانہ دور نہیں قائم کئے گئے صرف فصاحت کا ایک دھوکا ہے۔ 'شعر العجم' کے تین حصے اس وقت تک شائع ہو چکے ہیں اور جہاں تک میں دیکھ سکا، پہلے حصہ میں متقدمین کے کلام پر تفصیلی نظر

ڈالی گئی ہے، دوسرے میں متوسطین اور تیسرے حصہ میں شاعری کے آخری دور یعنی متاخرین سے بحث کی گئی ہے، کتاب کی اجمالی ترتیب جیسا کہ خود علامہ شبلی نے تصریح کر دی ہے، یہی ہے اور میں نہیں جانتا، ادبی حیثیت سے جو خاکہ فاضل مؤلف کے پیش نظر تھا اس میں "ایجاد بندہ" کی کہاں تک گنجائش ہے۔

مجھ کو معلوم ہے پروفیسر براؤن نے مسلمانوں کی دماغی تاریخ لکھی ہے، اس کے دور سیاسی اور ملکی حیثیت سے قائم کئے ہیں، ہر دور کے ادبی ترقیات وہ ساتھ ساتھ دکھاتا گیا ہے اور عجمی عنصر کو الگ کرتا گیا ہے، لیکن اسی کے ساتھ میں کیمبرج کے ایک دوسرے پروفیسر کی جدید تالیف سے بھی واقف ہوں جو عربی لٹریچر کی ایک جامع تاریخ ہے، لیکن مؤلف نے صرف ادبی دور سے غرض رکھی ہے اور دیباچہ میں صاف لکھا ہے کہ اس کا "موضوع بحث" عربوں کے "ارتقاء خیال" کے سوا کچھ نہیں ہے۔ شعر العجم کی ترتیب بھی نفس لٹریچر کے لحاظ سے ہے، لیکن اسلمؔ کی یہ "شپرانہ" چشم پوشی ہے کہ وہ چار آنکھیں رکھ کر بھی دیکھ نہیں سکتے۔ شاید دیکھنا نہیں چاہتے اور بڑی متانت سے فرماتے ہیں کہ "مولانا شبلی اپنے فرض اولین تک کا احساس نہ کر سکے۔" رہے ہر دور کی خصوصیات اور ان کے اسباب یعنی شاعری کے ارتقاء تدریجی کی موشگافیاں! اس نکتہ کو شبلی اسلم سے زیادہ سمجھتے ہیں۔

شبلی، ملک میں پہلے شخص ہیں جن کو تاریخ و فلسفہ میں ربط باہمی کا خیال پیدا ہوا اور وہ ان جواہر عقلی کی تحلیل و ترکیب کیمیائی اس طرح کر سکے جس سے لٹریچر میں ایک خاص امتزاج پیدا ہو گیا ہے۔ انھوں نے اپنی متعدد قیمتی تصنیفات میں ہمیشہ اپنا درجہ قائم رکھا ہے۔ وہ جانتے ہیں کہ آج کل کے ترقی یافتہ مذاق ادبی کے مطابق

وسیع سلسلۂ تحقیقات اور زبردست قوت استقرائی سے اسباب و نتائج کے تعریفات فلسفیانہ میں کس طرح کام لیا جاسکتا ہے۔ مجھ کو اصرار ہے کہ شبلی کی تحقیقات سے جو ان کے اولیات میں داخل ہونے کے لائق ہے، ہندوستان کی علمی قلمرو میں ایک نیا تاریخی دور شروع ہوگیا۔ اسلم کا سلیقہ تحریر میرے دعویٰ کے ثبوت میں ہے، گو اس کا افسوس ہے کہ وہ تاریخ کے "معلم اول" سے جس پر ملک کو فخر کرنا چاہیئے بری طرح پیش آئے، بہرحال شبلی چوتھے حصہ میں نہایت تفصیل سے شاعری پر فلسفیانہ نظر ڈالیں گے اور یہی حصہ ان کی طبع آزمائی کا اصلی جولان گاہ ہوگا۔

(۲) شبلی نے بعض نمود کے شاعروں کو چھوڑ دیا ہے اور بعضوں کا خیال ہے کہ یہ اسی قسم کی فروگذاشت ہے جو آزادؔ سے "آب حیات" میں ہوئی، لیکن یہ قاصر النظری نہیں ہے بلکہ ایک مجتہدانہ فعل ہے، جس کی تصریح ایک صاحب نے کر دی ہے اور جس کے اعادے کی ضرورت یہاں نہیں ہے، تاہم اسلمؔ کی خاطر سے میں کم سے کم یہ چاہتا تھا کہ ہر دور کے شعراء کے نام ان کو گنوا دیے جاتے اور جو مفصل تنقید کے لائق نہیں تھے ان پر کم سے کم مختصر نوٹ ہوتے یعنی ارتقاء شاعری کے مستقل ارکان یعنی اصلی صورتوں کے ساتھ ان کا ہیولیٰ بھی نظر انداز نہ ہوتا یا منطق کی اصطلاح میں یوں کہیئے کہ جوہروں کے ساتھ اعراض متعلقہ بھی لگے لپٹے رہتے۔ بات ذرا لگتی ہوئی ہے لیکن مجھ کو معلوم ہے کہ چوتھے حصہ میں یہ سب کچھ ہوگا اور شبلی کی جدت اجتہاد نے جن شعراء کو ترجیح دی ہے یا جن کو چھوڑا ہے ان کے وجوہ تفصیل سے دکھائے جائیں گے۔

(۳) یہ تو بالکل ہی غیر صحیح ہے کہ "ہر شاعر کا کلام مولانا اس قدر نقل کرتے

ہیں کہ جی اکتا جاتا ہے۔" میرا خیال ہے جس قدر اقتباسات کئے گئے ہیں، ضرورت سے کم ہیں۔ فارسی لٹریچر مہذب دنیا میں ادب العالیہ یعنی کلاسیکس کا ایک ضروری عنصر سمجھا جاتا ہے، لیکن آج کل کی کاروباری زندگی میں جب ہم کو مشرقی لٹریچر کی طرف توجہ کرنے کی بالکل فرصت نہیں ہے، صرف یہی ایک طریقہ ہے کہ عربی فارسی لٹریچر کے بہترین اجزاء فلسفیانہ تنقید و تقریظ کے ساتھ نئ نسل کے سامنے پیش کئے جائیں، اس طرح قدیم لٹریچر کا وہ حصہ جو جاننے کے لائق ہے، ہمیشہ کے لئے محفوظ رہ جائے گا، لیکن اسلم نہیں سمجھتے۔

(۴) اسلم کی 'غیر سعادت مندانہ' اپچ میں سب سے زیادہ مجھے جس بات پر لطف آیا وہ "حکمت بہ لقمان آموختن" کی جدت بے محل ہے۔ شبلی کی وسیع النظری اور ان کے لائق رشک ذرائع معلومات پر منھ آنا! سچ یہ ہے "سورج کو چراغ ہے دکھانا!" لیکن اگر "گھر کی مرغی کو ساگ کے برابر" نہ سمجھئے تو مجھ کو مجبوراً اعادہ کرنا پڑتا ہے کہ شبلی کا دائرۂ تحقیقات اتنا وسیع ہے کہ وہ یورپ کے مؤرخین کی صف اول میں جگہ پاسکتے ہیں۔ فارسی لٹریچر کے متعلق جن مغربی تصنیفات کی طرف اسلم نے اشارہ کیا ہے، وہ ایک ایک کرکے شبلی کے ناخنوں میں ہیں۔

اسلمؔ علی گڈھ کے صدقہ میں ایک آدھ کتاب کا صرف نام سن پایا، یا طاہرؔ ہمدانی کے ہیرن ایلن ایڈیشن کو کہیں دور سے دیکھ لیا، لیکن مجھ کو معلوم ہے کہ خود ہیرن ایلن جس نے رباعیات خیام کے متعدد مطبوعات خاصہ شائع کئے ہیں اور جن میں سے ایک نہایت قیمتی ایڈیشن صرف دو سو ممبروں کے لئے چھاپا گیا تھا اور جو قطعاً اسلم کی نظر سے نہیں گذرا، شبلی کی ایک سرسری تحقیقات سے بے نیاز نہ رہ سکا،

جس میں فارسی کے مسلم الثبوت استاد "پروفیسر ڈینی سن راس" نے بھی ٹھوکر کھائی تھی، لیکن یہ اس کی تصریح کا یہ موقع نہیں۔

بہر حال مجھ کو اصرار ہے کہ فارسی اور عربی لٹریچر کے متعلق جس قدر مواد آج موجود ہے وہ سب شبلی کے پیش نظر ہی نہیں بلکہ جس طرح ولادت سے پہلے جنین کا پتہ چل جاتا ہے، شبلی کے دائرۂ نظر میں یہ بات بھی رہتی ہے کہ اقطاع دماغی میں کہاں کہاں نئی داغ بیل پڑنے والی ہے اور ایشیا میں تو کچھ دم نہیں رہا، مگر یورپ دنیا کے معلومات میں کیا کیا اضافہ کرنے والا ہے؟ اسلم اگر اپنی تنگ نظری کے ساتھ شبلی کے مستشر قانہ کمالات کا اندازہ نہیں کر سکتے تو ہم ان کو معذور سمجھنے کے لئے تیار ہیں، لیکن مجھے جو کچھ شکایت ہے، یہ ہے کہ "وہ نہیں جانتے کہ کچھ نہیں جانتے۔"

آج کسی غیر ذمہ دار قلم نے شبلی کی یوں حق تلفی کی ہوتی تو خود اسلم کہہ اٹھتے کہ گولر کا بھُنگا فضائے دہر پر معترض ہو یا برساتی کیڑا زمانہ کے حدوث و قدم پر رائے زنی کرے تو اچھا نہیں معلوم ہوتا۔ لیکن میرا خیال ہے میرے معصوم دوست نے جو کچھ خامہ فرسائی کی وہ محض قصور استعداد ہے اس لیے ہم شبلی سے سفارش کرتے ہیں کہ مشرقی لٹریچر کے متعلق مطبوعات یورپ، جن کی تعداد ہزاروں تک پہنچ گئی ہے، ان کی ایک فہرست اسلمؔ کو بھیج دیں، ہندستان میں بیٹھ کر یہ کیا کم ہے کہ ان کو اکٹھے بہت سے نام تو معلوم ہو جائیں گے۔

(۵) شبلی کی مسلم الثبوت فارسیت کا اعتراف نہ کرنا، مولانا حالی کے ساتھ حسن ظن کے افراط کو صرف 'تحسین ناشناس' ثابت کرنا ہے۔ ملک میں پروفیسر

آزاد کے بعد صرف شبلی ہیں جو فارسیت کا وجدانی مذاق رکھتے ہیں، فارسیت سے میری غرض اس فارسی سے نہیں ہے جو بابو انگلش کی طرح اسلم ؔنے بچپن میں پڑھی ہوگی، بلکہ میری غرض دنیا کی سب سے شیریں زبان سے ہے جو اس قوم کی زندہ یادگار ہے جو بلحاظ گزشتہ عظمت و ترقیات کے دنیا کی قدیم متمدن اقوام میں بھی خاص تاریخی وقعت رکھتی ہے۔

انگلستان مستشرقانہ مشاغل کے لحاظ سے یورپ کے اور ممالک سے بہت پیچھے ہے تاہم وہاں ایک جماعت موجود ہے جو السنہ مشرقی میں اہل زبان کی سی مہارت رکھتی ہے جس میں پروفیسر براؤن آج کل بہت پیش پیش ہیں۔یورپ کی ایک خاص طرح کی وسیع النظری میں کلام نہیں، یعنی اصول ارتقاء نے تحقیقات کے راستے اس قدر صاف کر دیے ہیں کہ ہر شے کے مدارج اور طبقات ترتیبی کی کڑیاں ملتی جاتی ہیں۔لٹریچر بھی اس کلیے سے مستثنیٰ نہیں، تاہم مذاق سخن میں جو ایک ذوقی چیز ہے، ان فلسفیانہ اکتشافات سے کیا مدد مل سکتی ہے؟ شبلی جو کچھ لکھتے ہیں، آشنائے فن ہو کر لکھتے ہیں، اس لئے ان کے تالیفات مغربی معاصرانہ تصنیفات سے، جہاں تک ادبی مذاق کا تعلق ہے نسبتاً ہمیشہ فائق رہیں گے، اور یہاں مجھے صرف یہی دکھلانا تھا۔

(نمبر ٦۔٧۔٨) یہ بھی صحیح نہیں کہ شبلی کو موازنہ انیس ؔو دبیر ؔمیں کامیابی نہیں ہوئی۔ 'سون خواں' طبقہ جو چاہے کہے لیکن 'موازنہ' میں جو تعلیم یافتہ فرقہ شبلی کا مخاطب صحیح ہے، وہ اس کتاب کو مؤلف کے کمالات میں اختراع فائقہ (یعنی ماسٹر پیس) نہ سہی تاہم اس میں کچھ شک نہیں کہ اردو ادب میں وہ اسے ایک قیمتی اضافہ سمجھتا ہے اور جس طرح شبلی کی پیداوار دماغی عموماً باستحقاق 'صف اول' میں جگہ پاتی

رہتی ہے، 'موازنہ' بھی تنقید ادبی کی حیثیت سے ایک نصابی (اسٹنڈرڈ) چیز ہے اور وہ میرے آپ کے اعتراف کا محتاج نہیں۔

ایک بزرگ سے جو ملک میں لکھنے پڑھنے کا نہایت صحیح مذاق رکھتے ہیں، 'موازنہ' کا ذکر آیا، وہ کچھ چپ سے ہو گئے۔ مجھے مجبوراً عرض کرنا پڑا کہ موازنہ میں جو کچھ نقص ہے، یہ ہے کہ آپ کے قلم کا نتیجہ نہیں ہے۔ اس برجستہ گرفت پر وہ پھڑک گئے اور ان کو اقرار کرنا پڑا کہ موازنہ سے اہل قلم کو جو کچھ شکایت ہو سکتی ہے اسی قبیل کی ہے۔ دہلی لکھنؤ والوں سے قطع نظر کئے لیتا ہوں، کیونکہ وہ سمجھتے ہوں گے شبلی کی طرف سے "ارض ممنوعہ "یعنی ان کی قلمرو میں مداخلت بیجا کی گئی۔

اگر اشعار کی لطافت اور خوبی ایک وجدانی چیز ہے اور اس کا سمجھنا ذوق صحیح پر منحصر ہے، اور ان خوبیوں کا دکھانا بڑے اہل کمال کا کام ہے، تو میں خوش ہوں کہ شبلی حضرت حالی کے حریف مقابل نہ سہی تاہم وہ شاعری کے ملکۂ راسخہ، اور ادبی نکتہ سنجیوں کے لحاظ سے اتنی اونچی سطح پر ہیں کہ بڑے بڑے مستشرقین یورپ بھی ان کی گرد کو نہیں پہنچ سکتے۔

یہ بھی غلط ہے کہ شبلی کو تصوف سے مناسبت نہیں ہے۔ میں کہیں لکھ چکا ہوں کہ تصوف، جیسا کہ اکثروں کا خیال ہے کہ ایک طرح کا خبط متعارف نہیں ہے بلکہ جیسا کہ خود شبلی نے تصریح کی ہے دراصل "تصحیح خیال" کا نام ہے، جو اخلاق کی طرح فلسفہ کی ایک مستقل شاخ ہے لیکن جس طرح توکل کا مصداق ایک طرح کی گداگری ہو رہی ہے، تصوف کی صورت بھی اتنی بگڑ گئی ہے کہ وہ زیادہ سے زیادہ پیٹ کا ایک مشغلہ رہ گیا ہے۔ ہم تصوف کو صرف اس نظر سے دیکھنا چاہتے ہیں کہ

اس میں ذوقی اور وجدانی کیفیت کے ساتھ ایک ادبی پہلو بھی موجود ہے، اگر وہ کوئی راز ہے جو سینہ بہ سینہ منتقل ہوتا چلا آیا ہے تو ہم کو بیسویں صدی میں اس کی طرف متوجہ ہونے کی بالکل فرصت نہیں، بہرحال تصوف اگر ایک خاص طرح کی لطافت جذبات کا نام ہے، جو حکیمانہ رنگ میں ڈوبی ہوئی ہو اور خیاؔم و حافظؔ اس میں رنگے ہوئے تھے تو شبلی پر بھی اس کی چھینٹیں پڑی ہیں۔

صوفیانہ ریاضت و اعمال جو قطعاً غیر فطری ہیں، بے وقت کی شہنائی سے کم نہیں۔ ہم مردوں میں 'ہیسٹریا' یعنی اختناق الرحم کے خواص پیدا کرنا نہیں چاہتے، نہ تشنج اعصابی اور حرکات رقاصی کے لئے بوڑھے شبلی کہیں سے موزوں ہیں۔ اسلم اور ان کے یاران طریقت کو یہ ناچ ناچنا (افعال صوفیانہ) مبارک! دیکھئے یہ نہ کہئے گا،

ایکہ آگاہ نہ حالت درویشاں را
توچہ دانی کہ چہ سودا بہ سرست ایشاںرا

ایک چیز پر آپ اس لئے سر دھنتے ہیں کہ وہ آپ کے ساتھ آپ کے اچھے اچھوں کی سمجھ میں نہیں آئی۔ بڑے بڑوں کو ارمان ہی رہا، ہم اس لئے اس سے پیچھا چھڑاتے ہیں کہ ہمیں اس خبط میں پڑنا منظور نہیں، نہ ہماری اخلاقی زندگی کی تکمیل کے لئے کہیں سے اس کی ضرورت ہے۔ آپ تزکیۂ باطن کے پیچھے پڑے ہیں، ہم کہتے ہیں کہ نفس خود پاک ہے، ذرا دعویٰ کی شرافت دیکھئے گا! یہ اگر جہالت ہے تو دنیا کے بڑے بڑے 'مستشرق' اپنی "بیگانہ دشی" پر ناز کرسکتے ہیں، جنھوں نے تصوف پر نہایت شرح وبسط سے فلسفیانہ بحث کی ہے۔

یہ بھی غلط ہے کہ شبلی 'بزرگان اسلام' کا احترام نہیں کرتے۔ وہ ان کو لائق ادب "انسان" سمجھتے ہیں جس سے میرا منشاء 'مستجمع صفات کمالیہ انسانی' سے ہے جو سچی تعریف کی آخری حد ہے۔ اسلمؔ یا ان کے اور ہم مشربوں کی طرح ہر کس و ناکس کے ساتھ شبلی اس فیاضی سے پیش نہیں آتے کہ 'بعد از خدا بزرگ توئی قصہ مختصر۔' پڑھے لکھے آدمیوں میں 'عزت نفس' کا خیال اس قدر بڑھ رہا ہے کہ جہاں ہم خود صرف 'انسان' ہونا چاہتے ہیں، دوسروں کو بھی اس سے زیادہ 'بڑھانا' نہیں چاہتے۔ آج کل عوائد رسمیہ (یعنی ایٹی کٹ) کی رو سے غیر ضروری حسن ظن کی افراط صرف 'متروکات' میں داخل ہونے کے لائق نہیں، بلکہ ایک طرح کی وہم پرستی اور بیکار دردسری ہے جو تقویم پارینہ کی طرح پیچھا چھڑانے کی چیز ہے۔

خیامؔ بیچارہ یورپ پہنچ کر کچھ غیر ثقہ سا ہو گیا، لیکن حافظؔ کی بات ایشیا میں اس قدر بنی کہ 'چھوٹے پیمانہ کے پیغمبر' سمجھے جاتے ہیں، حالانکہ رندانہ توبہ صوفیانہ! 'خیالات موزوں' کے لحاظ سے ان کو صرف شاعر ہونا تھا۔ شبلی تو پھر بھی ان کو 'رئیس الشعراء' سمجھتے ہیں۔ خیامؔ کی مصطلح مے نوشی کی ضمن میں شبلی کی یہ شاعرانہ شوخی کہ "افسوس ہے کہ وہ فلسفی اور حکیم تھا، صوفی نہ تھا ورنہ حافظ کی طرح یہی شراب، شراب معرفت بن جاتی۔" ادبی نکتہ سنجی کی آخری حد ہے۔ شعر العجم میں یہی ایک فقرہ تو ہے جو اس قدر "باکیف" اور صوفیانہ رنگ میں ہے کہ دیکھتے ہی بس یہ معلوم ہوتا ہے جسم میں ایک برقی رَو دوڑ گئی، یہ اسلم کے بھونڈے مذاق کا پھوہڑپن ہے کہ وہ اس نزاکت خیال سے لطف نہ اٹھا سکے، اور ستم ظریفی یہ ہے کہ میری بدنصیبی سے ان کو سوجھی بھی تو اعتراض کی سوجھی۔

اسی سلسلہ میں محمود کی غیر ضروری ثقاہت پر جہاں اسلم کو اصرار ہے، آپ نہایت بلند آہنگی سے فرماتے ہیں کہ "شبلی محمود اور اس کے زمانہ کی تاریخ ہی سے ناواقف نہیں بلکہ ان کو تاریخ کا صحیح مذاق بھی نہیں ملا ہے۔" غریب اسلم کو معلوم نہیں کہ شاہانہ معیار اخلاق بالکل ایک جداگانہ چیز ہے۔ یورپ میں جو ہیئت اجتماعی یعنی سوسائٹی کی مساوات کا مدعی ہے، حلقۂ شاہی آج بھی ایک ارضی شے یعنی اپنے خصائص کے لحاظ سے دنیا سے بالکل الگ تھلگ خیال کیا جاتا ہے۔ طبقۂ اوسط تو خیر، اعلیٰ طبقہ بھی بلحاظ خصائل اس سے اس قدر مختلف ہے کہ دونوں ایک قوم کے افراد مشترک نہیں معلوم ہوتے، لیکن ان شاہی حلقوں کا جلوہ پس پردہ دیکھئے تو معلوم ہو کہ موقع موقع سے کیا کچھ ہوتا رہتا ہے۔

مسلمان بھی اپنے 'عہد زریں' میں نرے زاہد خشک نہیں تھے۔ 'الف لیلہ' کیا ہے؟ اس زمانہ کے شاہی گہوارۂ عیش (رائل کورٹ) اور اس وقت کی اونچی سوسائٹی کی خلوت آرائیوں کا اصلی مرقع ہے۔ ہارون رشید تو علانیہ رند مشرب تھا، لیکن محمود کی ایک رخی تصویر جو اسلمؔ دکھانا چاہتے ہیں وہ ان کے لائق رحم دوم درجہ کے معلومات کا نتیجہ ہے۔ ایک مؤرخ کو جو طبائع عالم کا نباض ہو، محمود پر اگر وہ تاریخی وقعت رکھتا ہے، گہری نظر ڈالنی ہوگی اور یہ ناممکن سا ہے کہ خصائل کے مختلف پہلو دائرہ نظر میں نہ آئیں، محمود میں اوصاف کے ساتھ کمزوریاں بھی تھیں، وہ انسان تھا فرشتہ نہیں تھا۔

میں اس بے تکی بحث کے سلسلہ میں یہ بھی دکھانا چاہتا ہوں کہ "ایاز" کا وجود خیالی اسلم کے وجود یقینی سے زیادہ غیر مشتبہ ہے، اسلمؔ جن باتوں کو بازاری گپیں

فرماتے ہیں، وہ انسانی سلسلۂ روایات اور "افسانہائے کہن" کی ضروری کڑیاں ہیں، جن سے ہم ایک منٹ کے لئے بھی دست بردار نہیں ہو سکتے۔ یورپ کا ایک زبردست مستشرق "ایسی سرد اور بے غایت تحقیقات کو نظر حقارت سے دیکھتا ہے جو کسی لطیف انسانی تخیل (آئیڈیل) کو جو وراثتاً زمانہائے دراز میں منتقل ہوتا ہوا ہم تک پہونچا ہے بغیر کسی کافی معاوضہ کے دفعتاً چھین لئے۔" وہ کہتا ہے کہ "مغربی سرد مہریاں یعنی نرے مادے اور سائنٹفک اکتشافات، مشرق کے وسیع عالم خیال اور اس کی لازوال دلچسپیوں اور نزاکتوں کی قائم مقامی نہیں کر سکتے، جن میں ایک خاص طرح کی گرمجوشی اور ایسی قوت اخلاقی موجود ہے جو سخت سے سخت مصائب انسانی میں بھی ہمارے آنسو پوچھتی رہتی ہے، ہم ہر مادی پیش قدمی کے ساتھ کچھ نہ کچھ کھوتے ہیں، جس کی بنا کسی شریف تر اور اعلیٰ تر اصول خیال پر ازل ہی میں پڑ چکی تھی۔"

خیر یہ باتیں اسلم کے دل و دماغ سے مناسبت نہیں رکھتیں، یونانیوں کی سی لطافت خیال اور مذاق حسن پرستی کی ضرورت ہے جو ہندوستان کے حکماء ادب (ڈاکٹر آف لٹریچر) میں صرف شبلی کا حصہ ہے۔

میرا خیال ہے اب مجھے کچھ زیادہ کہنا نہیں ہے۔ ایک فقرہ رہ گیا تھا، وہ بھی لیجئے۔ شبلی پر یہ بھی الزام ہے کہ "وہ جوش میں آکر ایک (شاعر) کو دوسرے پر بے جا فوقیت دیتے ہیں یا جس کے حالات لکھتے ہیں اسی کے ہو رہتے ہیں۔" اسلم کو معلوم نہیں کہ اس قسم کا جوش خاصۂ انسانی ہے، ایک انشا پرداز جہاں کسی اہل قلم کے وصف غالب کو ابھار کر دکھاتا ہے وہاں تنقید کا یہ بھی فرض ہے کہ وہ دوسرے

جزئیات پر بھی نظر ڈالے، اس طرح جب مختلف شعراء پر جو قریب قریب ایک ہی سطح پر ہوں، نظر ڈالی جائے گی تو لازماً صفات مشترکہ میں تصادم ہو جائے گا، ان کا تجزیہ کرنا ان کو بچ بچ کر اس طرح دکھانا کہ ایک کا دوسرے سے امتیاز رہے اور ساتھ ہی صفت غالب آنکھوں کے سامنے سامنے آجائے، ہر شخص کا کام نہیں ہے۔ اسلمؔ نے ساری عمر میں لے دے کر "حیات حافظ" لکھی اور اس وقت لکھی جب شعر العجم کے اجزاء متعلق علی گڈھ پریس میں ان کے پیش نظر تھی۔ وہ تصنیف کی اہم ذمہ داریوں سے نا آشنا سے ہیں ورنہ یوں شبلی کے منہ نہ آتے۔

'شعر العجم' میں 'حیات سعدیؒ' سے علیحدہ ہو کر سعدیؒ پر اور خاص کر فردوسیؒ پر جس قدر نفاست سے تفصیلی نظر ڈالی گئی ہے، وہ بجائے خود ادبی فتوحات میں داخل ہونے کے لائق ہے، لیکن "چہ کنم کہ چشم بدبین نکند برونگاہے۔"

مجھ کو افسوس ہے کہ اسلم کو ذرا سختی سے ٹوکنا پڑا، لیکن یہ سختی ان کے مرتبۂ انشا پردازی کے لحاظ سے ہے جس کی ذمہ داری ان کی غیر ضروری اپج ہے۔ شعر العجم کی تنقیص سے، جس میں انھوں نے ایڑی چوٹی کا زور لگایا ہے، انھوں نے شبلی سے زیادہ لٹریچر کی حق تلفی کی۔ خاص کر اس لحاظ سے کہ ملک میں پڑھے لکھوں کی تعداد کسرات سے آگے نہیں بڑھتی، ان میں بھی تھوڑے ہی ایسے ہیں جو اردو ادب کا مذاق صحیح رکھتے ہیں یا جن میں اظہار خیال سے پہلے صحیح رائے قائم کرنے کا سلیقہ ہو۔ ایسی حالت میں اسلم کی تنقیص بیجا رہنمائی کی جگہ صریحاً گمراہی کا سبب ہو گی۔ ادبی حیثیت سے عبد السلام ندوی، اسلمؔ کا توڑ کر چکے ہیں، میں نے جو کچھ لکھا ہے صرف 'ترکی بہ ترکی' کی حیثیت سے، جس کی غایت 'بھٹیاری کی تو تو میں میں' سے

زیادہ نہیں ہے، لیکن برا ماننے کی بات نہیں، میں نے صرف معاوضہ بالمثل سے کام لیا ہے، جس کی نظیر میرے سامنے موجود تھی۔

یہ چند سطریں مجھے امید ہے کہ ایک 'بے ادب' کے لئے جو مذہبی مذاق رکھتا ہو محتسب کے درے ہیں جو حدود اخلاق کے توڑنے کا شرعی علاج ہے۔ اچھا ہوتا اگر اسلم میری خاطر سے آئندہ اس فقرے کو عنوان زندگی بناتے "ایاز قدر خود بشناس۔"

اسی سلسلہ میں آجکل شبلی کی 'الکلام' پر جو لے دے ہو رہی ہے اور جو میرے موجودہ موضوع بحث سے خارج ہے، کچھ سرسری ریمارک کرنا چاہتا ہوں کسی آئندہ موقع پر مستقلاً نظر ڈالوں گا۔

تنقید 'الکلام' میں لائق 'متعلم' نے نہایت قابلیت سے سائنس اور فلسفۂ حال کے معرکتہ الآراء مسائل سے بحث کی ہے، اس طرح اس سے پہلے 'راز' سے کبھی پردہ نہیں اٹھایا گیا لیکن صاحب تنقید کو یاد رکھنا چاہیئے کہ ان کے حکیمانہ تذبذب فی المذہب (یعنی ایگناسٹک خیالات) کی زد پر صرف شبلی نہیں ہیں بلکہ خود مذہب مسائل مختلف فیہ کا ذمہ دار ہے۔ شبلی سے اگر غلطی ہوئی تو صرف اس قدر کہ انھوں نے مذہب کو آج کل کے عقلیات سے ٹکرایا، یہ غلطی اس سے پہلے بھی جب مسلمانوں کے اچھے دن تھے ہو چکی ہے، اور علم کلام کو عباسی دور کے دماغی ترقیات کے لحاظ سے 'یاد ایام' سمجھئے جو عقائد اسلام اور فلسفۂ قدیم کے گزشتہ اختلاط کی ادبی تاریخ ہے۔

لیکن اس زمانہ میں اسلام کو صرف فلسفہ یعنی ایک حد تک محض اصول نظری

سے سابقہ تھا، اس لئے جس طرح لحاف کی تیاری میں کچھ اَستر سے لیا اور کچھ اَبرہ سے، اور دونوں کا جھول جھال لے کر برابر کر دیا، دونوں حریف جو چھری کٹاری ہو رہے تھے گلے ملوا دئے گئے۔ لیکن آج مذہب گو اپنے دشمن ازلی یعنی سائنس کا مقابلہ کرتا ہے جو قوی تر حریف ہے اور جو اپنے سوادِ نیا میں کسی کو دیکھنا نہیں چاہتا۔ مذہب کے اولیات کا انحصار کلیۃً امور غیر مادی یعنی ایسی چیزوں پر ہے جو سرے سے مدرکات انسانی سے باہر ہیں، یعنی ہمارے قوائے فطری ان کے سمجھنے بوجھنے سے عاری ہیں اور سائنس صرف مادیت سے غرض نہیں رکھتا بلکہ اس کا دعویٰ ہے کہ عالم غیر کا خیر سے وجود ہی نہیں جس پر ہم آپ اس قدر مٹے ہوئے ہیں۔

بہر حال فلسفہ پھر بھی اتنا برا نہیں کہ 'سنی سنائی' بھی کبھی مان لیتا ہے لیکن سائنس اتنا کٹّر ہے کہ جب تک 'آنکھوں دیکھی' نہ ہو، ہزار کہئے، کتنے ہی بڑے بڑے جبہ اور دستار پیش کیجئے، مذہب کی دہائی دیجئے ایک نہیں سنتا! ظاہر ہے کہ اتنا بڑا کافر بر خود غلط کسی "شریعت سہلۃ" کی گرفت میں کہاں تک آسکتا ہے؟

لیکن کیا اس کے یہ معنی ہیں کہ ہم مذاہب سے عموماً دست بردار ہو جائیں؟ اس کا فیصلہ میں انسان کی اگلی پچھلی اخلاقی تاریخ پر چھوڑتا ہوں جس کی تکمیل کی نسبت خود فلسفہ کا یہ دعویٰ ہے کہ بغیر مذہب کے ہو ہی نہیں سکتی۔ شبلی نے الکلام میں نفس موضوع کے لحاظ سے جو روش اختیار کی، اس کے سوا چارہ کار ہی کیا تھا۔ آپ کسی کے ہاتھ پر بیعت کرنی چاہیں تو پہلے ضرورت ہے کہ بڑے میاں سے آپ کو حسن ظن بھی ہو، یہ نہیں کہ ایک دم سے پگڑی اتار لی اور دعویٰ یہ کہ "ہم آپ کے خالص بہی خواہ ہیں، لگی لپٹی نہیں رکھتے۔"

طبائع انسانی کے لئے اگر مذہب کی ضرورت ہے تو اس کے مسلمات اعتقادات، جسے ایک طرح کی مجبوری کہئے، تسلیم کرنے ہوں گے، رہی معقول و منقول کی تطبیق، جہاں تک مذہب میں استطاعت ہے آپ دونوں کو ٹکرا سکتے ہیں، علم کلام کا اتنا ہی فرض ہے۔

شبلی حکیمانہ خیالات کے ساتھ پھر بھی مذاق مذہبی رکھتے ہیں، اور 'مولویت' کو اپنی کسر شان نہیں سمجھتے، اور انھوں نے جو کچھ لکھا ہے حمایت مذہب میں لکھا ہے، لیکن اس پر بھی جہاں لائق 'متعلم' سائنس کے اکتشافات عالیہ کے مقابلہ میں خالی الذہن ہو کر فلسفیانہ استدلال سے مذہب کی دھجیاں اڑا رہا ہے، لکھنؤ کے ایک مشہور انشا پرداز شبلی کی مذہبی تحریرات سے عام سوء ظن پیدا کرنا چاہتے ہیں۔ نہ جاننا بھی مزے کی بات ہے۔ حضرت کو 'اعتزال' کی فکر ہے جس میں پھر بھی ایک مذہبی رنگ ہے، لیکن یہ معلوم نہیں کہ اس زمانہ میں سرے سے مذہب کی جان ہی کے لالے ہیں اور آج کسی 'مذہب آسمانی' میں اتنی قوت نہیں کہ وہ منحرف سائنس کو زیر کر سکے۔

میں شعر العجم پر لکھتے لکھتے جانے کہاں سے کہاں بہک گیا، ان بے ربط خیالات کی تلافی اس وقت ہو رہے گی جب شبلی کے 'تذکرۂ شعراء' کا چوتھا حصہ شائع ہو لے گا جس کے لئے ابھی سے تیار رہئے۔ شبلی دنیا کی عام شاعری پر مفصل تنقیدی نظر ڈالیں گے اور دکھائیں گے کہ فارسی شاعری "ارتقاء ادبی" کے لحاظ سے کیا درجہ رکھتی ہے۔ یہ بحث جس قدر دلچسپ ہے، اس سے زیادہ مشکل ہے۔ پروفیسر براؤن سا محقق بھی اسے ٹال گیا لیکن شبلی لکھیں گے اور اچھی طرح لکھیں گے۔

یہ چند سطریں ناظرین کی ضیافت طبع کے لئے خوش ذائقہ بریانی کی جگہ ابالے ہوئے سادے خشکے یعنی ماحضر کی حیثیت سے ہیں تاہم ادبی چاشنی سے خالی نہیں! پر تکلف سامان انشاء اللہ آئندہ، جس کے لئے ابھی سے وعدہ ہے۔

***

۵

نقاد پر غیر ستایشی جنبش لب

اردو میں لائق قدر رسالے اس قدر کم ہیں کہ کوئی مفید اضافہ دراصل لٹریچر کی خدمت ہے، جس کا اعتراف نہ کرنا خود انشا پردازی کی حق تلفی ہے، حضرت دلگیر نے نقاد سے آگرہ کی لٹریری تاریخ میں ایک ضروری صفحہ بڑھایا ہے، جس کی واقعی کمی تھی، کسی زمانہ میں یہاں سے "تیرھویں صدی"، "زمانہ" اور "فسانۂ ایام" اچھے اچھے پرچے نکلے، آج ان میں سے ایک بھی نہیں، صرف یادِ ایام رہ گئی۔

کائنات میں کوئی چیز تلف نہیں ہوتی، صرف بدلتی رہتی ہے۔ ہم نقاد کو بھی گذشتہ رسائل کا خلف ارتقائی سمجھتے ہیں، یہ بھی اسی مٹی سے اپنا خمیر لے کر اٹھا ہے جہاں اس کے بڑوں کی ہڈیاں دبی پڑی ہیں، اس لئے ضرور ہے کہ رگوں میں، رگوں کے دوڑتے ہوئے خون میں جوہر شرافت بھی ہو جو وراثتاً دلگیر کے لٹریری بچے کا حق ہے، جس کی نسبت میں صرف حوصلہ افزا خیالات رکھتا ہوں۔

دلگیر صوفی صافی ہیں اور وسیع دائرۂ احباب رکھتے ہیں۔ اس لئے خیال تھا ان کے ادبی مقاصد سے ہمدردی رکھنے والوں کی تعداد خاصی ہو گی اور میں خوش ہوں کہ یہ خیال غیر صحیح نہیں نکلا، لیکن الناظر میں احسن صاحب مارہروی کے خیالات

دیکھ کر مجھے نقاد کی کامیابی کی طرف سے ایک طرح کا اطمینان ہو گیا ہے۔ کل کے بچہ کی بساط ہی کیا؟ لیکن حاسدانہ نگاہیں پڑنے لگیں اور وہ بھی اس اہتمام کے ساتھ کہ کوئی برائی نہیں جو 'نقاد' کے سر نہ لگائی گئی ہو۔

میرا خیال ہے دوم درجہ کی خلقت عموماً قابل نفرت ہوتی ہے اور زیادہ تر اس کا جہل مرکب جس میں تنگ نظری اور تنقیص بے جا کے سوا منصفانہ تنقید یعنی شائستگی کا کوئی عنصر نہیں ہوتا۔ حضرت مارہروی نے 'فلسفہ حسن و عشق' کا بھی خاکہ اڑایا ہے اور اسی پر سارا زور ہے۔ ان کا علوم مشرقی و مغربی دونوں سے "امی محض" ہونا ان کی کافی سفارش تھی کہ میں ان کے مقابلہ تضییع اوقات پسند نہ کرتا، لیکن چونکہ لٹریچر کی حق تلفی کی گئی ہے اس لئے ان کے کانوں تک مجھے دست شوق نہ سہی اپنی آواز تو پہونچانی ہی پڑے گی۔

فلسفۂ حسن کے خیالات کا زیادہ تر حصہ، حضرت کو یہ سن کر مایوسی ہو گی کہ ذینو فن کے "مقالات غیر فانی" سے ماخوذ ہے جو سقراط کا شاگرد رشید تھا۔ یونانیوں میں مذاق حسن اس قدر رچا ہوا تھا کہ وہ عورت اور حسن کو مترادف سمجھتے تھے، ان کے جذبات کی نفاست کے اندازے سے آج ہم بھی قاصر ہیں، عورت اور اس کے لطیف متعلقات کی نسبت ان کی نازک خیالیاں اتنی اچھوتی اور دنیا سے نرالی تھیں کہ ہم اپنی زبان میں ادائے خیال کے لئے الفاظ نہیں پاتے، یہی جذبات و خیالات بتدریج ترقی کر کے ان کی زندگی کے تمام صیغوں میں سرایت کر گئے جن سے رفتہ رفتہ ان فنون نفیسہ کی بنیاد پڑی جو آج مہذب سے مہذب ملک کے لئے سرمایۂ فخر ہیں۔ نواب عماد الملک سید حسین بلگرامی نے اپنے فصیح ایڈریس میں جو علی گڑھ

ایجو کیشن کانفرنس میں دیا گیا تھا، نہایت صحیح فرمایا تھا کہ مسلمانوں نے اہل یونان کے مذاق حسن پرستی اور جذبات نفیسہ سے کچھ فائدہ نہ اٹھایا اور جو کچھ اخذ کر سکے وہ یونانیوں کے خوان نعمت کی گویا چھوڑی ہوئی ہڈیاں تھیں۔

یورپ نے جو جذباتی حیثیت سے یونانیوں کا شاگر درشید ہے، "حسن پرستی" کو اتنی ترقی دی کہ اب اس کے استاد اس کی گرد کو بھی نہیں پہونچتے۔ مثلاً 'زہرہ' کو لیجئے جو حسن کی دیوی ہے، جس کی پرستش کا دائرہ اتنا وسیع ہے کہ بڑے بڑے فلسفی اس کے حلقۂ اثر سے بے نیاز نہیں ہیں۔ 'زہرہ' نہایت خوبصورت ہے، لیکن سر سے پاؤں تک ننگی! اودی اودی رگوں کے پیچ و خم جانے کہاں سے کہاں تک پہونچے ہوئے، کھلے ہوئے لمبے بالوں سے خوش آب موتیوں کے سے قطرات آب ٹپکتے ہوئے، گویا نہا دھو کر سمندر کے کف سے پری نکلی ہے! پیکر خیالی جب اس انداز سے مجسم ہو کر لباس عریانی میں جلوہ گر ہو تو تخیل کے لئے کیا باقی رہا؟ اسی طرح مختلف جذبات کی تصویریں ہیں لیکن سب کی سب عریاں! اٹلی میں مرمری مجسمے دیکھئے، پیرس سیلن کی سیر کیجئے، حسن وجذبات کی پریاں آپ کو بالکل جداگانہ عالم میں نظر آئیں گی۔ بڑے بڑے فلاسفر، شاعر، حکمائے ادب، اپنا اپنا سرمایۂ خیال ان سے اخذ کرتے ہیں، جن سے لٹریچر میں طرح طرح کی نزاکتیں پیدا ہوتی ہیں۔

لیکن ہندوستان اپنی مفروضہ دماغی ترقیات کے ساتھ بھی ان باریکیوں کو سمجھ نہیں سکتا۔ یہاں چار دن ہوئے، قابلیت کا معیار یہ تھا کہ چند کتابیں پرانے سلسلۂ درس کی پڑھیں اور تیلی کے بیل کی طرح جہاں تھے وہیں رہے۔ بہت ہوا تو دو چار دیوان دیکھ ڈالے، پہلے کوئی مصرع بے غایت خود رو طریق پر موزوں کیا، پھر تک

سے تک ملانے کے لئے ایک مصرع ابتدائی کی پیوند کی سوجھی، چلئے شعر ہو گیا! کچھ دنوں کے بعد اس ہیر پھیر میں اچھے خاصے شاعر ہو گئے، کچھ اور ترقی کی تو کسی اگلے پچھلے شاعر کے خواہ مخواہ جانشیں بن بیٹھے۔ جس کا یہ مَبلَغ ہو وہ "فلسفۂ حسن" پر جس حد تک "نقادی" کی صلاحیت رکھتا ہے، اسے میں اہل نظر کے ذوق سلیم پر چھوڑتا ہوں۔

حضرت مارہروی کو یہ بھی خلش ہے کہ دوپٹہ، آنچل، مَحرم اور چوڑیاں، صاحب فلسفہ کے اختراعات ہیں، یونانیوں میں یہ چیزیں کہاں؟ ان کی سمجھ پر کسی کو رونا آئے تو میری خطا نہیں۔ لیکن میں اپنے امی دوست کو بتانا چاہتا ہوں کہ مہوشان یونان ایک طرح کا "سینہ بند" استعمال کرتی تھیں جو "غیر تقسیمی" ہوتا تھا، تاہم وہ دستانے کی طرح جسم میں چبھ جاتا تھا، بندش کے بھی مدارج تھے، کبھی چست اور کبھی چست تر، اسی طرح لمبے اسکارف سر پر ڈالے جاتے تھے، جنھیں آپ دوپٹہ کہئے جس کے دونوں سرے سامنے پڑے ہوتے تھے۔ ایلسی بایڈیز کا قصہ پڑھئے جو یونان میں سب سے زیادہ سجیلا جوان تھا، نازنینان ایتھنس اس پر جان دیتی تھیں اور چاہتی تھیں "نذر شباب" ہو کر رہیں، کیونکہ ان کے خیال میں ایلسی بایڈیز کے حسن کا یہ ادنی ٹیکس تھا۔

وہ جس حلقہ میں ہوتا تھا، اسکارف کو ہوا میں جنبش دی جاتی تھی، غایت یہ تھی کہ، "حُبابے خاستہ از بحر کافور" پر اسے نظر جمانے کا موقع ملے، اسی طرح کھلے ہوئے بال اور سیہ چوڑی بدست آں نگارے بہ شاخ صندلی پیچیدہ مارے کا بھی رواج تھا۔ صاحب فلسفہ کی یہ جدت اختراعیہ تھی کہ وہ مضمون کو اپنی زبان کی

خصوصیات کے ساتھ ادا کر سکے۔

مجھ کو اصرار ہے کہ عورت کے ذکر کے ساتھ اس کے لطیف متعلقات کی تصریح ناگزیر ہے، محرم کی جگہ 'قبا' کفر ہی نہیں زبانوں کا خون کرنا ہے۔ مجھ کو معلوم ہے ایشیائی شاعری اپنے جذبات میں 'مخنث' ہوتی ہے، لیکن جس زبان کی شاعری 'بند قبا' کو جائز رکھتی ہو، جس کے لائق فخر شعراء کسی 'معشوقہ' پر نہیں 'معشوق سبزہ آغاز' (یعنی داڑھی مونچھ والے) پر فرضی اور غیر طبعی اظہار عشق کے عادی ہوں، جہاں عورت کے لئے اس کی خصوصیات کے اظہار کے ساتھ بھی فعل مذکر کے استعمال کا رواج ہو، اس زبان کے پھوہڑ پن کا کیا ٹھکانا ہے؟ اس پر ستم ظریفی یہ ہے کہ اس 'خچریت' کا نام 'سنجیدگی' ہے۔

لیکن اس معیار لطافت سے علیحدہ ہو کر اگر مغربی رنگ میں داد سخن دی جائے تو بے سمجھے بوجھے کوے کی کائیں کائیں صرف ثقل مذاق کا ثبوت ہے۔ ہمارے دوست اگر مغربی لٹریچر اور فلسفہ سے بیگانہ ہیں، اگر وہ نہیں جانتے کہ فلسفہ حسن کا ماخذ اصلی کیا ہے؟ اگر ان کے دماغ میں یہ مناسبت نہیں ہے کہ وہ ان نازک مسائل کو جذب کر سکے، اگر وہ لطائف ادبی اور غیر سنجیدہ خیالات کی حدود میں تمیز نہیں کر سکتے، مختصر یہ کہ اگر وہ نہیں جانتے کہ مغربی نزاکت خیال کیا چیز ہے؟ تو ہم ان کو ایک کافی حد تک معذور سمجھنے کے لئے تیار تھے، لیکن افسوس یہ ہے کہ وہ اپنے چھچھورے اور ذلیل اظہار خیال اور بے باکانہ اظہار رائے سے، جس کو خیر سے آپ تنقید سمجھتے ہیں، صرف اپنا جہل مرکب ثابت کر سکے۔ عورت سے متعلق نازک خیالی اگر 'فحش بیانی' ہے تو فلسفہ کی یہ ڈانٹ سن رکھئے کہ خود عورت فحش ہے اور

اس سے زیادہ وہ ترکیب فحش ہے جو انسان کے عالم وجود میں آنے کا سبب ہوئی، جسے اخلاقاً میں صرف 'سنجید گی' کہوں گا۔

سچ یہ ہے کہ جن صاحبوں کی ابتدائی تربیت "چوکہ کے کوٹھوں" پر ہوئی وہ ان نکتوں کو کیا سمجھ سکتے ہیں جو فلسفۂ حسن کا مایۂ خمیر ہیں، جس کی غایت 'بہار عشق' کی طرح نثر میں (بہائم صفت لوگوں کو شدید خواہشات کی اطفائے حرارت کے لئے برانگیختہ کرنا نہیں ہے) بلکہ شریف تر انسانوں کے سامنے جنس لطیف کو مرقع جذبات بنا کر پیش کرنا ہے، جس میں اس کی لائق رشک مادیت کے ساتھ ہر طرح کی اخلاقی اور جذباتی صفات آنکھوں کے سامنے آجائیں، آپ فرط سنجید گی سے اسے 'گھونگھٹ کی پردہ دری' کہتے ہیں، لیکن غریب کو معلوم نہیں کہ 'عالم فطرت کی سب سے خوبصورت حکمران' یعنی عورت کی شان اس سے بہت ارفع واعلیٰ ہے۔ عورت مادی کیفیات کے ساتھ ایک ایسا مظہر پاکیزہ ہے، جس پر خود فطرت سی لطیف چیز کو ہمیشہ ناز رہے گا۔ صرف فضائے عالم میں نکل کر دیکھئے، حجروں کی تاریکی میں اگر آپ 'شپرانہ' کچھ دیکھ بھی سکے تو آپ کی قاصر النظری، رازہائے سربستۂ فطرت کو پھر بھی آپ کے لئے سر بہ مہر رکھے گی۔

جناب مارہروی کی اس فریب کاری کو دیکھئے کہ جہاں عورت کی مادیت پر آپ جامہ سے باہر ہو گئے، اس کی اخلاقی اور جذباتی کیفیات سے جو فلسفہ کی جان ہیں، دانستہ آنکھیں پھوڑلی ہیں۔ آپ نے اپنی پاک طینتی کا ثبوت اقتباسات پیش کردہ میں بھی دیا ہے، جو میرے خیال میں ایک طرح کی تحریف ہے، کیونکہ یہ اجزاء مختلف موقعوں سے لئے گئے ہیں اور ایک سانس میں نمایاں کر کے پیش کئے گئے ہیں اور گو

فلسفہ میں ایک حرف غیر سنجیدہ نہیں، تاہم آپ کا فتویٰ یہ ہے کہ بعض حصے 'تہذیب شکن' ہیں۔ میں صرف ایک آدھ مثال پر قناعت کروں گا، مثلاً سینہ کی تعریف میں،

"فطرت کی شوخی دیکھئے گا! فتنۂ قیامت زا کے لئے گنجایش نکالی بھی تو کہاں؟" یہ نازک خیالی آپ کی سمجھ میں نہیں آئے گی۔ 'شکسپیر' زندہ ہوتا تو بتا سکتا کہ اس کے خیال کا قالب کس خوبصورتی سے بدلا گیا ہے۔ اسی طرح 'مقیاس الشباب' کی ترکیب پر یاد رکھئے اردو لٹریچر کو ہمیشہ ناز رہے گا۔ صاحب فلسفہ نے ایک جگہ لکھا ہے،

"آہ عورت! تو فسانۂ زندگی ہے! تو جس طرح اپنی صاف شفاف ہستی سے ایک جھونپڑے کو شیش محل بنا سکتی ہے، بڑے سے بڑے ایوان عیش کی تکمیل اس وقت تک ممکن نہیں جب تک تیری موجودگی کے آثار اس میں نہ پائے جائیں، اس کے لیے چھڑوں کی جھنکار ضروری نہیں، محض تیرا پس پردہ ہونا، کہیں ہو، کسی کے لئے ہو کافی ہے۔" غور سے پڑھئے، یہ جذباتی اور اخلاقی لٹریچر کی بہتر سے بہتر مثال ہے جو اردو لٹریچر کی طرف سے پیش کی جا سکتی ہے، لیکن ہمارے دوست اسے 'فحش' فرماتے ہیں۔ غالباً 'چھڑوں کی جھنکار' پر کان کھڑے کئے ہوں گے۔ 'جہل مرکب' اتنا تو ہو۔

جناب مارہروی نے 'فلسفۂ حسن' کے لئے ایک نیا نام پیش کیا ہے، جو ان کے ناقابل التفات خیالات و مقالات کی گندگی کا ایک جامع ثبوت ہے، جس سے ان کے اصلی خصائل اور مذاق طبع کی پوری غمازی ہوتی ہے جس کے بعد اب مجھے دردسری

کی ضرورت نہیں، لیکن وہ چوکے، جس آلہ سے وہ فلسفہ پر وار کرنا چاہتے ہیں ان کو یاد نہیں رہا، وہ ان کا 'عنوان زندگی' اور اس حیثیت سے ان کے لئے لائق ادب ہے کہ وہ ان کا 'مصنف ہستی' ہے۔ شرم! شر! اسی سلسلہ میں مختصراً ایڈیٹر صاحب 'الناظر' کی روانی قلم کی بھی داد دینا چاہتا ہوں۔ آپ کا 'تنقیدی نوٹ' تمام تر جناب مارہروی کے 'جہل مرکب' کا کورانہ تتبع ہے یا یوں سمجھئے کہ حضرت مارہروی کے دل کی سیاہی جو ان کے قلم سے ٹپکی تھی، حضرت نے اسی کو لے کر پھیلایا ہے، جس سے کئی صفحے رنگ گئے، آپ کا غیر ضروری اظہار خیال بے معنی فصاحت کا ایک دھوکا ہے، یعنی کثرت الفاظ کے مقابلہ میں مفہوم کچھ نہیں۔ جس کی غایت صرف یہ معلوم ہوتی ہے کہ 'الناظر' کے ہوتے دنیا میں کسی پرچے کی ضرورت نہیں۔

بہت پھیر پھار اور حشو وزوائد کا ماحصل صرف اتنا ہی ہے جو میں نے عرض کیا، اسی میں 'خادم الملک' (یہ اپنے منہ میاں مٹھو، ظفر الملک کا قافیہ ہے) حضرت دلگیر کا 'نقاد' بھی آگیا، جس کا وجود اس کے دشمنوں کی چھاتی کا پتھر ہو رہا ہے، اس کے بعد آپ 'فلسفۂ حسن' کی طرف متوجہ ہوئے ہیں اور انشا پردازی کا دریا بہایا گیا ہے، لیکن مجتہدانہ ایک حرف نہیں، اندھے کی لاٹھی! جناب مارہروی کے ساتھ کبھی غار میں کبھی دلدل میں۔

بڑی نرمی سے فرماتے ہیں، "جنس لطیف کے عضو عضو کی تشریح اور اس پر سرجری کا عمل کیا گیا ہے۔" فقرہ تو اچھا ہے لیکن دیکھئے پھر وہی بے معنی فصاحت کا دھوکا! 'فلسفۂ حسن' میں اگر میں غلطی نہیں کرتا تو صرف 'بہترین عطیۂ فطرت' یعنی عورت کے سینہ کے متعلق مغربی خیالات کا چربہ اتارا گیا تھا اور ادائے خیال کے

مختلف پہلو دکھائے گئے تھے، جس کی نزاکت کو آپ سمجھ بھی نہیں سکے، تاہم لائق شرم غلط بیانی سے آپ نہیں چوکے اور جناب مارہروی کے ساتھ مجبوراً مجھے آپ کی بھی خبر لینی پڑی۔

لیکن میں آپ کو یقین دلانا چاہتا ہوں کہ مفروضہ نقائص کے ساتھ بھی 'نقاد' کا معیار اخلاق 'الناظر' سے گھٹا ہوا نہیں ہے۔ حضرت کو یاد ہوگا! الناظر میں کبھی ایک مضمون نکلا تھا، جس میں عورت کی نسبت یہ دکھایا گیا تھا کہ وہ عصمت فروش اور بے وفا ہی نہیں بلکہ بدترین مخلوقات ارضی ہے۔ جس وسعت کے ساتھ اس شرمناک موضوع پر قلم فرسائی کی گئی تھی، وہ آپ کی اور جناب مارہروی کی متفقہ ہزلیات سے بھی کچھ بڑھی ہوئی تھی۔

لکھنؤ میں بیٹھ کر 'ڈولی میں سارا شہر' صرف الناظر کا حصہ تھا۔ برخلاف اس کے نقاد آگرہ 'جنس لطیف' کو اپنے مختص النوع خصائص کے ساتھ اس طرح پیش کر سکا کہ وہ اس عالم کی چیز نہیں معلوم ہوتی، اس نے جذبات کے جتنے پہلو دکھائے ہیں، وہ بجائے خود فلسفۂ ادب کی جان ہیں جس کا ایک حرف بھی میرے خیال میں چھوڑنے کے لائق نہیں تھا۔

آخر میں مجھے حضرت دلگیر سے یہ کہنا ہے کہ جہاں ادبیات کا سرے سے مذاق نہ ہو، وہاں اتنے نازک خیالات کا پیش کرنا صاحب فلسفہ سے زیادہ دلگیر کی غلطی تھی، غلطی پر غلطی یہ ہوئی کہ یہ مضمون آب و تاب کے ساتھ ایڈیٹر کی طرف سے پیش کیا گیا جس کا نتیجہ یہ ہوا کہ کم بین طبائع ضبط نہ کر سکیں اور مجھ کو بھی ان کا توڑ کرنے کے لئے لٹریچر کی طرف سے قلم ہاتھ میں لینا پڑا، جس کا مجھے افسوس ہے۔

میری رائے ہے کہ 'دویم درجہ' کے اظہار خیال کی بہترین داد یہ ہے کہ وہ ایک دم سے نظر انداز کیا جائے، لیکن اس قسم کا استغناء شاید یورپ میں جائز ہو جہاں وسیع النظر اور خوش ظرف اہل قلم تنقیدات عالیہ (یعنی ہائر کریٹی سزم) کا صحیح مذاق رکھتے ہیں، لیکن تنگ خیال اور بے درد مارہروی اور ان کے یاران طریقت کے تحت نتائج فکر جو ننگ انشا پردازی ہیں، بھٹیاریوں کی "تو تو میں میں" سے زیادہ وقعت نہیں رکھتے، اور گو میں ان کی تمام مزخرفات کا استقصانہ کر سکا، تاہم سلسلۂ تحریر میں جس قدر حصہ ان کے خیالات کا جلوہ گر کیا گیا ہے، وہ بتائے گا کہ ان پر ایک کافی حد تک توجہ کی ضرورت تھی۔

حاشیہ

(۱) دنیا کی متمدن اقوام کی عورتوں میں ہمیشہ بالائی حصہ جسم کے لئے پوشش خاص کا رواج رہا ہے، آج بھی مہوشان فرنگ میں طرح طرح کے لباس ہیں جو جسم سے متصل پہنے جاتے ہیں، یہ آرائش جوانی کے سوا صحت نسوانی کے لئے بھی ضروری ہیں، اختلاف خوش وضعی کے ساتھ ان کے مختلف نام ہیں اور ان ناموں کی تصریح سوسائٹی کے طبقات اعلیٰ میں بھی غیر سنجیدہ نہیں سمجھی جاتی۔

دراصل "محرم" بھی اتنا شایستہ اور مہذب لفظ ہے کہ دنیا کی کوئی زبان اس سے زیادہ بہتر اور سنجیدہ تر لفظ پیش نہیں کر سکتی، ہاں ایک قابل نے اس کا ترجمہ کر کے صرف اپنی نفرت انگیز "سوقیت" کا اظہار کیا تھا!

***

۶

ملک میں تاریخ کا معلم اول

یورپ کے علمی قلم رو میں ایک زندہ دل طبقہ ایسا بھی ہے جو انسان کی دماغی پیداوار یعنی کتابوں کو "علمی حرم" کی حیثیت سے دیکھتا ہے اور ان کا دلدادہ ہے۔ اس کے خیال میں کسی کتب خانہ کا ایک گوشہ جہاں اس کی منظور نظر "نازنینوں" کا جھرمٹ ہو اور جو ہمیشہ اس کی فرصت اور مرضی کی منتظر رہتی ہوں، اس شاہی محل سے کہیں بڑھ کر ہے جس کے لوازم عیش صرف دور سے دیکھنے کی چیز ہیں۔

بہر حال ایک ایسا گروہ موجود ہے جو علمی دنیا میں درجۂ استغراق رکھتا ہے اور زمانہ کے سرد و گرم سے قطعاً بے پرواہے، اس کا دائرۂ مخصوص خود ایک دنیا ہے جہاں ایسے سامانوں کی کمی نہیں، جن سے قوت احساس ہر طرح کی لذت و انبساط حاصل کرتی رہتی ہے۔ اسی حلقہ میں کچھ لوگ ایسے بھی ہیں جن کی نفسیات اس حد تک بڑھی ہوئی ہے کہ وہ معمولی مطبوعات کو پسند نہیں کرتے، خاص خاص تصنیفات کے قیمتی ایڈیشن شائع کئے جاتے ہیں۔

ہندوستان میں اس قسم کے معزز شواہد بہ مشکل پیش کئے جاسکتے ہیں لیکن طبقہ اعلیٰ کے مصنفین میں علامہ شبلی کی تصنیفات کو یہ امتیاز حاصل ہے، جو حسن سیرت

کے ساتھ صورت کی بھی اچھی ہوتی ہیں۔ قاعدہ یہ ہے کہ لفافہ اچھا ہو تو ملفوف کو اس سے کہیں زیادہ اچھا ہونا چاہئے۔

علامہ شبلی اپنے موضوع سخن اور اس لحاظ سے کہ انھوں نے اپنے ملکۂ راسخہ یعنی فطری قوت تصنیف سے وہی کام لیا جو ان کے دل و دماغ کا اچھے سے اچھا مصرف ہو سکتا تھا۔ ملک کے مصنفین میں یہ سر فہرست تو تھے ہی، میں دیکھتا ہوں اب بہت آگے نکلے جاتے ہیں۔ انھوں نے فلسفۂ تاریخ کو صرف اس لحاظ سے کہ وقت کی چیز ہے، اپنا خاص فن قرار دیا اور ترتیباً جس پیمانہ پر یہ اظہار خیال کرتے رہے وہ ایک منحرف بھی تسلیم کرے گا کہ ان کی قوتوں کا صحیح سے صحیح استعمال تھا، جو خیال میں آ سکتا ہے۔ ملک میں اچھے لکھنے والوں میں "قوت فیصلہ" کی ہمیشہ کمی رہی، یعنی دماغوں میں اقتضائے وقت کی رعایت نہیں۔ وقت ہی آگے چل کر بتائے گا کہ ان کے نتائج فکر ایک طرح کی خود رو پیداوار ہیں، جن کی شادابی صرف ایک موسمی چیز ہے۔ لیکن علامہ شبلی سے ہم کو اس قسم کی شکایت نہیں، یہ بلا بار تہدید و فرمایش جو کچھ کرتے رہتے ہیں وہ ہمارے توقعات اور استحقاق سے کہیں زیادہ ہے۔

حالتوں کا موازنہ آج کل کے عوائد رسمیہ (یعنی ایٹی کیٹ) کو دیکھنے کو خلاف شائستگی سمجھا جاتا ہے، تاہم یہ تنقید کا ایک ضروری عنصر ہے، لیکن میں اس وقت ان کو ان کے دائرے کے دوسرے خلاقین سخن سے ٹکرانا نہیں چاہتا، صرف یہ دکھانا چاہتا ہوں کہ جس طرح یہ اپنے حلقہ میں غالباً سب سے کم عمر مصنف ہیں، ادبی حیثیت سے نسبتاً اتنے ہی بڑھے ہوئے ہیں۔ اس دماغی فوقیت کا راز صرف یہ ہے کہ خوش نصیب شبلی نے اپنی وہبی اور اکتسابی قوتوں کی رعایت سے جو وسیع موضوع

بحث اختیار کیا وہ بلا استثناء اوروں کی دسترس سے باہر تھا۔ اس سے زیادہ موزونیت لائق رشک ہے جو قواماً ان کے حصۂ تصنیف کا ایک خاصہ ہوتی ہے۔ اسلامی تاریخ و لٹریچر، فلسفہ و عقائد سے متعلق جس قدر مواد یہ یکجا کر سکے، قدیم تاریخ کا گویا نچوڑ ہے۔

تاریخ اسلامی کی نسبت ایک زمانہ میں یورپ نے جس قدر متعصبانہ رائے قائم کی تھی، اب رفتہ رفتہ ان سے دست بردار ہوتا جاتا ہے۔ موجودہ دور میں جو ہر قسم کی دماغی ترقیات کا دور ہے، واقعات کا ایک معیار صداقت قائم ہو گیا ہے۔ ہر واقعہ کی جانچ اجتماعی، اخلاقی اور فلسفیانہ حیثیت سے کی جاتی ہے۔ چنانچہ علمائے مستشرقین کی توجہ سے جدید سلسلۂ اکتشافات میں ایک نیا لٹریچر پیدا ہو گیا ہے، جس میں ہمدردانہ التفات کے ساتھ ایک طرح کی سنجیدگی اور بلند نظری پائی جاتی ہے لیکن باوصف اس حسن ظن کے جو جماعت مستشرقین کی طرف سے پیدا ہو چکا ہے، ان کے خیالات کا بیشتر حصہ نظر ثانی چاہتا ہے۔

اس قسم کی مثالیں کم نہیں ہیں جن میں مغربی علماء کی اجتہادی لغزشیں اب بھی محسوس ہوتی ہیں اور صاف معلوم ہوتا ہے ہ کہ استخراج نتائج میں عمداً بے پروائی سے کام لیا گیا ہے۔ لیکن علامہ شبلی نے ہم کو غیروں سے قریب قریب بے نیاز کر دیا ہے۔ یہ جس طرح قدیم تاریخ اور لٹریچر کے جامع ہیں، آج کل کے فلسفیانہ انتقادات اور نکتہ سنجیوں سے آشنا ہی نہیں بلکہ یہ مذاق ان میں اس قدر رچا ہوا ہے کہ ان کے طے کردہ مسائل جو دنیا کے سامنے پیش کئے گئے ہیں، اس حد تک کامل ہیں کہ زمانۂ آئندہ بلکہ "بعید آئندہ" میں بھی ان پر کوئی معتدبہ اضافہ نہ ہو سکے گا۔

اسی طرح ان کے اجتہادات کا جن کو تاریخی "الہامات" کہئے، بیشتر حصہ میرا خیال ہے کہ مدتوں متروک ہونے کے لائق نہیں ہو گا۔ اس سے زیادہ شبلی کے غیر فانی ہونے کا ثبوت کیا ہو گا۔

اگر موجودہ نسل کے لئے دماغی اور عقلی ترقی کے ساتھ اخلاقی تکمیل کی بھی ضرورت ہے تو میں خیال کرتا ہوں کہ شبلی نے تاریخی سلسلہ میں جس قدر مذہبی لٹریچر پیدا کر دیا ہے وہ ہمارے لئے کافی سے زیادہ ہے۔ خاص کر اس جدت کے لحاظ سے فاضل شبلی نے ایک طرف تو "بڑے میاں" یعنی مذہب کی پگڑی نہیں اتاری اور ساتھ ہی یورپ کے نوخیز چلتے پرزوں یعنی فلسفہ اور سائنس کے سامنے تیرہ سو برس کے بوڑھے سے ہاتھ نہیں جڑوائے بلکہ دونوں میں مصافحہ کرادیا۔ یہ معتدل روش جو اس "ادبی نزاع" میں اختیار کی گئی ہے، لائق رشک شبلی ہی کا حصہ تھا جو ہمارے متفق علیہ پیشوائے علمی ہیں۔

ان کی ثقاہت نے جہاں مذہب کی حق تلفی نہیں ہونے دی، سائنس و فلسفہ کی مغائرت بھی دور کر دی اور ان کو مذہب کا دست و بازو بنا دیا۔ آئندہ زمانہ میں جب ہماری عقلی ترقیات کا شباب ہو گا، شبلی کو اپنی مساعی جمیلہ کی پوری داد ملے گی، تاہم آج کل کا تعلیم یافتہ طبقہ جو عموماً مذہب سے بے پرواہے، مذہب فطری یعنی حکیمانہ اسلام سے دست بردار نہ ہو سکے گا۔ منقول کی تطبیق کی غایت اس کے سوا اور کیا ہو سکتی ہے جو شبلی کی دردسری کا بجائے خود ایک قیمتی صلہ ہے۔

ملک کے روشن خیال طبقہ میں کہیں کہیں ایک طرح کے حکیمانہ "تذبذب فی المذہب" (یعنی ایگناسٹک خیالات) کی جھلک پائی جاتی ہے۔ اس لئے شبلی کی

"تنقیدات عالیہ" (ہائر کریٹی سزم) کو وہ حمایت مذہب میں چنداں وقیع نہیں سمجھتا۔ لیکن اس کو یاد رکھنا چاہئے کہ یہ کوئی نئی اپج نہیں ہے۔ شبلی سے اگر غلطی ہوئی تو صرف اس قدر کہ انھوں نے مذہب کو آج کل کی عقلیات سے ٹکرایا۔ یہ غلطی اس سے پہلے بھی جب مسلمانوں کے دن اچھے تھے، ہو چکی ہے اور علم کلام کو عباسی دور کی دماغی ترقیات کے لحاظ سے "یاد ایام" سمجھئے جو عقائد اسلام اور فلسفہ قدیم کے گزشتہ اختلاط کی ادبی تاریخ ہے، لیکن اس زمانہ میں اسلام کو صرف فلسفہ یعنی ایک حد تک محض اصول نظری سے سابقہ تھا۔ اس لئے جس طرح لحاف کی تیاری میں کچھ استر سے لیا، کچھ ابرے سے اور دونوں کا جھول جھال لے کر برابر کر دیا۔ دونوں حریف جو چھری کٹاری ہو رہے تھے، گلے ملوا دیے لیکن آج مذہب کو اپنے دشمن ازلی یعنی سائنس کا مقابلہ کرنا ہے جو قوی تر حریف ہے (اور) جو اپنے سوا دنیا میں کسی کو دیکھنا نہیں چاہتا۔

مذہب کے اولیات کا انحصار کلیۃً امور غیر مادی یعنی ایسی چیزوں پر ہے جو مدرکات انسانی سے باہر ہیں یعنی ہمارے حواس فطری ان کے سمجھنے بوجھنے سے عاری ہیں اور سائنس صرف مادیت سے غرض نہیں رکھتا بلکہ اس کا دعویٰ ہے کہ "عالم غیر" کا خیر سے وجود ہی نہیں ہے جس پر ہم آپ اس قدر مٹے ہوئے ہیں۔ بہر حال فلسفہ پھر بھی اتنا برا نہیں ہے۔ "سنی سنائی" کبھی کبھی مان لیتا ہے لیکن سائنس اتنا کٹر ہے کہ جب تک "آنکھوں دیکھی" نہ ہو، ہزار کہئے، کتنے ہی بڑے بڑے جبہ و دستار پیش کیجئے، مذہب کی دہائی دیجئے، ایک نہیں سنتا۔ ظاہر ہے کہ اتنا بڑا کافر بر خود غلط کسی "شریعت سہلہ" کی گرفت میں کہاں تک آ سکتا ہے، لیکن کیا اس

کے یہ معنی ہیں کہ ہم مذاہب سے عموماً دست بردار ہو جائیں ؟ اس کا فیصلہ میں انسان کی اگلی پچھلی اخلاقی تاریخ پر چھوڑتا ہوں جس کی تکمیل کی نسبت خود فلسفہ کا یہ دعویٰ ہے کہ بغیر مذہب کے ہو ہی نہیں سکتی۔

شبلی نے الکلام میں نفس موضوع کے لحاظ سے جس پیمانہ پر اظہار خیال کیا، اس کے سوا چارۂ کار ہی کیا تھا۔ آپ کسی کے ہاتھ پر بیعت کرنی چاہیں تو پہلے ضرورت ہے کہ بڑے میاں سے آپ کو حسن ظن بھی ہو، یہ نہیں کہ ایک دم سے پگڑی اتار لی اور دعویٰ یہ کہ ہم آپ کے سچے عقیدت کیش ہیں۔ فرط خلوص سے لگی لپٹی نہیں رکھتے۔

طبائع انسانی کے لئے اگر مذہب کی ضرورت ہے تو اس کے مسلمات اعتقاداً جسے ایک طرح کی مجبوری کہیے، تسلیم کرنے ہوں گے۔ رہی معقول و منقول کی تطبیق، جہاں تک مذہب میں استطاعت ہے، آپ دونوں کو ٹکرا سکتے ہیں۔ علم کلام کا اتنا ہی فرض ہے۔ شبلی حکیمانہ خیالات کے ساتھ گہرا مذاق مذہبی رکھتے ہیں اور انھوں نے جو کچھ لکھا ہے، حکمائے اسلام کی طرح "متکلمانہ" لکھا ہے۔ اس پر بھی لکھنؤ کے ایک مشہور انشا پرداز فاضل عصر کی مذہبی تحریرات سے عام سو ظن پیدا کرنا چاہتے ہیں۔ حضرت کو "اعتزال" کی فکر ہے جس میں پھر بھی ایک مذہبی رنگ ہے لیکن یہ معلوم نہیں کہ اس زمانہ میں، جو سائنس کے اکتشافات عالیہ کا دور ہے، سرے سے مذہب کی جان ہی کے لالے ہیں اور آج کسی مذہب آسمانی میں اتنی قوت نہیں کہ منحرف سائنس کو زیر کر سکے۔

میں رَو میں سلسلہ سے کسی قدر دور جا پڑا، کہنا یہ تھا کہ اردو لٹریچر کے پیدا

کرنے والے تھوڑے ہیں، ان میں بھی تھوڑے ہی ایسے ہیں جو آج کل کے معیار قابلیت کے لحاظ سے اہل قلم کی صف اول میں شامل ہونے کے لائق ہوں۔ شبلی بہ لحاظ فن میرا خیال ہے صرف ہندوستان نہیں بلکہ تمام اسلامی دنیا میں کسی سے دوسرے درجہ پر نہیں ہیں۔ اس کو میری قاصر النظری پر نہ محمول کیجیے، فلسفۂ تاریخ جو آج کل تمام علوم میں سرفہرست ہے، ایک مستقل فن ہو گیا ہے اور اس قدر اہم ہے کہ دنیا کے بڑے بڑے فاضل مورخانہ موشگافیوں کو بہترین مشغلہ ہستی سمجھتے ہیں۔

مصری اور ترکی لٹریچر میں تاریخی مذاق جس قدر موجود ہے، ہم اس سے ناواقف نہیں ہیں لیکن جن مضامین پر وہاں سرگرمی سے طبع آزمائیاں ہو رہی ہیں، وہ شبلی کے ہاں فرسودہ اور مسائل ابتدائی ہیں جن کو فاضل مؤرخ کی سرسری جنبش قلم مدت ہوئی ایک سے زیادہ موقع پر طے کر چکی ہے۔ سچ یہ ہے کہ شبلی بہ لحاظ جامعیت اور وسیع النظری اور نیز مؤرخانہ تدقیق اور اکمال فن کی حیثیت سے آج یورپ کے بڑے سے بڑے مؤرخ سے پہلو بہ پہلو ہو سکتے ہیں۔ یورپ کو شکایت ہے کہ مسلمانوں میں متقدین بلکہ متاخرین میں بھی کوئی شخص ایسا نہیں ہوا جسے صحیح معنوں میں اگر حفظ روایات سے قطع نظر کی جائے تو "مؤرخ" کہنا درست ہو، یعنی استقصائے روایات کے سلسلہ میں جہاں اصلی ماخذوں کی چھان بین کی گئی، غیر مرتب مواد سے کسی دور میں ایسے نتائج حاصل نہیں کیے گئے جن میں طبیعت انسانی کے اقتضا، زمانہ کے ماحول اور خصائص طبعی یا قرائن عقلی سے مدد لی گئی ہو۔

ابن خلدون کا نام بار بار لیا جاتا ہے جس نے تاریخ پر فلسفہ کا رنگ چڑھایا مگر

خود اس کی تاریخ بتاتی ہے کہ اس کے خیالات قوت سے فعل میں نہ آسکے۔ یہ بالکل صحیح ہے لیکن آج ہم بیسویں صدی کے ایک فاضل مؤرخ کو پیش کرتے ہیں جس کا دائرۂ معلومات اس قدر وسیع ہے کہ وہ اپنے سلسلۂ تحقیقات کی فروگذاشت کی تلافی کرتا جاتا ہے اور اگر وقت نے مہلت دی اور اس کا تخیل پورا ہو سکا تو تاریخ اسلامی کے مہمات مسائل ایک ایک کرکے طے کر دیے جائیں گے۔

کہا جاتا ہے کہ دلی اور لکھنؤ کے گوشوں میں بہتیرے علماء پڑے ہیں، ممکن ہے۔ لیکن کسی شخص کا دماغ دوسروں کے علوم وفنون سے بھرا ہو، اور خود اس میں تحقیق واختراع کا مادہ نہ ہو تو ایک بیکار سی چیز ہے۔ اس لئے ایک فلسفی کے خیال کے مطابق اصلی قابلیت صرف وہ وسائل یعنی طریقۂ استعمال ہے جس سے مواد گزشتہ کارآمد بنایا جاسکے۔ یہی تصرفات ہیں جن کی بنا پر ایک ادیب یا مؤرخ کو لائق سے لائق شخص پر جو صرف "جامع اللغات" ہو ترجیح فائقہ حاصل ہے ورنہ ظاہر ہے کہ نرے الفاظ مؤخر الذکر کے ہاں کچھ زیادہ ہی ہوتے ہیں۔

انسانی احساسات وخیالات، تحقیقات و اختراعات کی مسلسل تاریخ ہمارے سامنے موجود ہے اور کارلائل کہتا ہے کہ جس شخص کو "چھپے ہوئے حرفوں" کا راز معلوم ہے وہ انھیں قوت آخذہ سے اپنا کر سکتا ہے۔ صرف صدائے اصلی کی تلاش کا ذوق صحیح ہونا چاہئے۔ ہاں شبلی، فاضل شبلی "نقوش حرفی" کے رازدار ہیں، انہوں نے اپنے ماخذوں کی چھان بین میں صرف صدائے اصلی سے غرض رکھی ہے اور اپنے وسیع سلسلۂ تحقیقات میں زبردست قوت استقرائی کے ساتھ اسباب ونتائج کی تصریحات فلسفیانہ سے آج کے ترقی یافتہ مذاق کے مطابق اس طرح کام لے سکے

جس سے ان کی آواز باز گشت تمام ملک میں گونج اٹھی اور ہندوستان کے ادبی قلم رو میں ایک نیا تاریخی دور شروع ہو گیا۔ مختصر یہ کہ آج کل کے مصنفین میں علامہ شبلی کو ایک خاص امتیاز حاصل ہے جو ان کے اور ہم عصروں کے حصہ میں نہیں آیا، ان کے سخت سے سخت حریف مقابل بھی ان کی تحقیقات کی گرد کو نہیں پہونچتے۔

یہ جاننا بھی مزے کی بات ہے، اس لئے بعضوں کی سمجھ میں یہ بات نہیں آئے گی لیکن ہندوستان کیا اور ممالک میں بھی دو چار سے زیادہ نہیں ہیں جو مذاق موجودہ کے مطابق مسائل قدیمہ کے طے کرنے کی صلاحیت رکھتے ہیں۔ شبلی ہم میں پہلے شخص ہیں جنھوں نے تاریخ و فلسفہ میں ربط باہمی پیدا کیا اور ان جواہر عقلی کی تحلیل و ترکیب اس طرح کر سکے کہ لٹریچر میں ایک خاص امتزاج پیدا ہو گیا ہے جس کے آثار ان کے مستقل سرمایۂ تصنیفات کے سوا ان کے متفرق مضامین میں بھی ملتے ہیں جو مدتوں ان کے قلم کے سایہ میں مسلسل طور پر وقف عام ہوتے رہے۔

***

۷

فلسفۂ حسن و عشق (یونانیوں کے نقطۂ خیال سے)

عورت کیا ہے؟ وہ دنیا میں کیوں آئی؟ اس کی ہستی کی علت غائی یعنی اس کا موضوع اصلی کیا ہے؟ یہ اور اس قسم کے بہتیرے سوالات ہیں جو ایک شائستہ دماغ کو متوجہ کر سکتے ہیں اور جن پر ہر مانہ میں کچھ نہ کچھ غور ہوا ہے لیکن ان سب کا مختصر، مگر جامع جواب یہ ہے کہ "وہ محبت کی چیز ہے اور دنیا میں محض اسی لئے آئی۔"

محبت کیا ہے؟ ایک مقناطیسی کشش ہے! عورت بغیر چاہنے والے کے رہ نہیں سکتی۔ اس کی نزاکت فطری چاہتی ہے کہ کسی کا سہارا ہو یعنی دو ایک ہو کر رہیں، جہاں یہ خود جان دینے کو تیار ہے۔ یہ چاہتی ہے کہ کوئی اس پر بھی مرتا ہو، دنیا میں یہ صرف محبت کے لئے آئی اور گلے کا ہار بننے بنانے کے لئے، پھولوں کی سیج پر اس کی بہار دیکھئے کہ تھوڑی دیر کے لئے افکار دنیا بھلا کر رہتی ہے۔

عالم خیال عورت کی ایک وسیع دنیا ہے جہاں وہ اپنے جذبات کو فضائے بسیط میں چھوڑ دیتی ہے اور جو باتیں دراصل اس کو حاصل نہیں ہیں ان کا بھی لطف اٹھا لیتی ہے۔ اس کی ساری زندگی حسن و عشق کا فسانہ ہے، وہ خود کسی پر مرتی ہو گی یا کوئی اس پر جان دیتا ہو گا۔ عورت پھنستی ذرا مشکل سے ہے، لیکن جہاں پھنستی ہے

اس سے چھٹکارا پسند نہیں کرتی۔ اس کی اصلی غایت زندگی دوسرے کی پھانس ہے لیکن اسے معلوم نہیں کہ جال ڈالنے سے پہلے وہ خود شکار ہو چکتی ہے۔

عورت کتنی ہی پاکیزہ وش ہو، اس خیال سے خالی نہیں ہوتی کہ کوئی اس کی کافر ادائی کا شیدائی ہو۔ اس کی "فتوحات" اس کا سرمایہ نشاط ہیں، جن سے اس کے دل کو راحت ملتی ہے اور جن سے وہ جیتے جی کبھی دستبردار نہیں ہو سکتی۔ وہ وار کر کے رہے گی کیونکہ یہ امر اس کی فطرت میں داخل ہے۔ شانہ سے آنچل خود نہ گرائے لیکن اگر اتفاق سے گر جائے تو وہ دل میں خوش ہو گی، یہ اس کی فطرت کا راز ہے جسے وہ ہی خوب سمجھتی ہے۔ دہرائے ہوئے آنچل میں دراصل اسے سینے کا ابھار غائب کرنا منظور نہیں بلکہ وہ چاہتی ہے کہ اور نظر جما کر دیکھئے! محرم کا جائزۂ نظری ایک طرح کی داد حسن ہے جو ہزار پارسائی کے ساتھ بھی وہ آپ سے لے کر رہے گی۔ اسی لئے جوانی کی آرائشوں میں دستانہ کی طرح چبھی ہوئی چیز اسے دل سے پسند ہے جس میں یہ ان "سرکشوں" کو قید رکھتی ہے جنہیں عورت کے "ارمان مجسم" کہیے۔

'مے دو آتشہ' وہ بھی شباب کی، جب کھچ کھچا کر قدرتی کنٹروں میں بھری ہو، تو کون ہے جو ان کیف مستی اور بے خودی کے "مجسموں" کی پرستش کا دلدادہ نہ ہو گا۔ ترکیب عناصر ہی تو ہے۔ ذرا 'فطرت' کی شوخی دیکھئے گا۔ 'فتنۂ قیامت زا' کے لئے گنجائش نکالی بھی تو کہاں؟ دنیا میں معیار حسن ہمیشہ مختلف رہے اور آج بھی اختلاف مذاق کے لحاظ سے حسن کے لئے کوئی نصاب مشترک قائم نہ ہو سکا۔ تاہم ہر زمانہ میں عورت کا "مقیاس الشباب" دائرہ حسن کا مرکز عام رہا ہے۔ آج تک سننے

میں نہیں آیا کہ اہل چین کی چپٹی ناک کی طرح "سپاٹ" سینہ بھی کہیں پسند طبائع ہو۔

موجودہ قیصر جرمنی کو اپنی غیر معمولی شخصیت کے ساتھ بھی عورت کی 'شہنشاہی' کے آگے جھکنا پڑا، آپ صنف نازک کے شائق ہیں لیکن اس کے جو خوبصورت ہاتھوں کے ساتھ ابھرا ہوا اور قائم بالذات سینہ رکھتی ہو۔

اسی لئے حکماء، 'بحر حسن کے اس زوردار تموج' کو بہترین عطیہ فطرت کہتے ہیں۔ آپ نسائیت کا اصلی زیور کہئے، اس میں کالی، گوری کی تخصیص نہیں، کوئی ہو، کہیں ہو، صرف جوانی کے آلۂ حرب سے اچھی طرح مسلح ہونے کی ضرورت ہے پھر تو اس کی "فتوحات" کے لئے فضائے کائنات بھی کافی نہیں۔ دنیا اس کے قدموں کے نیچے ہوگی۔

عورت مرد کے مقابلہ میں زیادہ باکیف ہوتی ہے اور جن نزاکتوں کی طرف مرد کا ذہن بھی منتقل نہیں ہوتا یہ ان کو سمجھتی بوجھتی اور قوۃ سے فعل میں لانا چاہتی ہے۔ جیتے جی کسی خوبصورت عورت کی پرستش کا موقع ملے تو سمجھئے خدا نے دنیا میں وہ چیز دی جو بڑے بڑے زاہدوں کو سر رگڑنے کے بعد بھی نصیب نہیں۔ بہشت کا بھی وعدہ ہے۔ چاہنے والی عورت سے بڑھ کر جو پاکباز ہو، دنیا میں کوئی چیز نہیں لیکن قابو میں لانے کے بعد یہ ایک سکنڈ کے لئے بھی چھوڑنے کے لائق نہیں۔

وہ انتہا درجہ کی حساس اور نازک مزاج بھی ہوتی ہے۔ دنیا میں اس سے کسی سے بیر ہے تو چاہنے والوں سے، دوپٹہ میلا ہے تو سمجھ لیجئے چاہنے والے کا قصور ہے۔ عورت کہتی ہے کہ انہیں کو پرواہ نہیں تو بدلیں کس کے لئے۔ وہ خوش ہیں تو بات

بات میں بانکپن دیکھ لیجئے، کنگھی چوٹی کا درد سر اسی وقت بھلا معلوم ہوتا ہے جب دل سے دل ملا ہو اور اس کی مانگ ہو۔ عورت کے بناؤ سنگار یعنی آرائش کی چھوٹی چھوٹی باتیں اس کے دل کی حالت کی غماز ہوتی ہیں۔ کسی نے آنکھ بدلی اور یہاں صورت بگڑی، وہاں دلداری ہے تو ادھر بھی دل آرائی دیکھ لیجئے۔ محرم کے بند اگر کھنچ کر بندھے ہوں تو سمجھ لیجئے 'زد' پر کوئی ہے جس کے لئے یہ سینے کو 'دُہرے پایہ' پر رکھنا چاہتی ہے۔

حسین عورت کے لئے کم سنی لازمی نہیں کہ چڑھتی دوپہر سے ڈھلتی چھاؤں زیادہ خوشگوار ہوتی ہے۔ فلسفہ حسن و عشق کا یہ نہایت باریک نکتہ ہے جو لائق غور ہے۔ عورت وہی باکیف ہوگی جو لذت آشنا ہو اور جس میں لذت احساس کامل ہو۔ یہ عالم فطرت کی نیرنگیاں ہیں، شراب کی طرح کہ جتنی پرانی ہو مزیدار ہوتی ہے، عورت کی عمر کا وہ حصہ جو تیز روشنی کی جگہ تاروں کی چھاؤں یا پچھلے پہر کی چاندنی سے مشابہ ہے، جان دے دینے کے لائق ہوتا ہے۔ ۲۵،۲۶ برس کی حسین عورت جو صورت کے ساتھ حسن سیرت بھی رکھتی ہو اور جس میں نسائیت کوٹ کوٹ کر بھری ہو، انسانی تخیل کا بہترین مرقع ہے۔

عورت باعتبار جذبات ایک خوبصورت گلدستہ ہے جس کی ساخت میں نہایت نازک پھول پتیاں صرف ہوئی ہوں۔ جس طرح پھول کی پتیوں میں نازک رگیں، نسیں اور باریک نقش و نگار ہوتے ہیں، عورت کا دل و دماغ بھی ہر طرح کی لطافتوں اور نزاکتوں کا مخزن ہوتا ہے۔ جس کے بیل بوٹے قدرت کی بہترین نقاشی ہیں، ان ہی باریک حسیات اور جذبات کا ابھارنا، اور ان کے نشو و ارتقاء تدریجی کے سلسلہ کو

قائم رکھنا، چاہنے والے کا اصلی فرض ہے۔

عورت ہماری زندگی کے ہر صیغہ کو مس کرنا چاہتی ہے۔ وہ ہماری عقلی اور اخلاقی قوتوں کو حرکت میں لاتی ہے لیکن ایک شائستہ عورت پر وہی قابو حاصل کر سکتا ہے جس میں عورت کے فطری اوصاف کے مقابلہ کی قابلیت موجود ہے۔ جس کے قوی تر جذبات عورت کی قدرتی نزاکتوں اور لطافتوں سے ہم آغوش ہو سکیں۔ اس کے خیال میں صرف آرزوئے 'وصل' جس پر ہمارے شعرا سر دھنتے ہیں، نری حیوانیت ہے۔ وہ 'خوش عیشی' کے مقابلہ میں 'فلسفۂ ناکامی' میں کہیں زیادہ لذت پاتی ہے جو اس کے نازک سے نازک جذبات اور حسیات کو تحریک میں لائے۔ عورت کی ایک آہ جو دل سے نکلی ہو، ہزار صوفیانہ ریاض و اعمال پر بھاری ہے جس میں شائبہ خلوص نہ ہو۔

یہ دنیا میں فطرت کی تکمیل کے لئے آئی اور اسی لئے مہذب دنیا میں اسے انسان کا 'نصف بہتر حصہ' کہتے ہیں۔ محبت، دل سوزی، خلوص و ہمدردی اس کا خاصہ فطری ہے، یہ جہاں ہماری خوش دلی کو بڑھاتی ہے، رنج و غم کو بانٹ لیتی ہے۔ صحت میں یہ رفیق زندگی، علالت میں خوش سلیقہ دایہ اور موت کے بعد ہماری خوبصورت سوگوار ہے جس کی ہیر اتراش کلائی میں پھنسی ہوئی سیاہ چوڑیاں اور کھلے ہوئے لمبے بال وہ علامات ماتم ہیں جنہیں جیتے جی دیکھنے کو دل چاہتا ہے۔

آہ عورت! تو فسانۂ زندگی ہے۔ تو جس طرح ایک جھونپڑے کو اپنی صاف شفاف ہستی سے شیش محل بنا سکتی ہے، بڑے سے بڑے ایوان عیش کی تکمیل اس وقت تک ممکن نہیں جب تک تیری موجودگی سے آثار اس میں نہ پائے جائیں۔ اس

کے لئے چھڑوں کی جھنکار ضروری نہیں، محض تیر اپس پردہ ہونا کہیں، کسی کے لئے ہو، کافی ہے۔ شیکسپیئر نے سچ کہا ہے کہ "تو مجسم عشوہ گری ہے اور دنیا میں بے فوج کی سلطنت تیرا اور صرف تیرا حصہ ہے۔"

یہاں تک تو 'حسن' اور اس کے لطیف متعلقات پر شاعرانہ نکتہ سنجیاں تھیں، لیکن مجھے دیکھنا ہے کہ عشق کیا چیز ہے۔ حکما کی رائے کے مطابق یہ ایک جوہر وجدانی ہے۔ انسانی اجسام، انسانی حافظے، انسانی خواہشات فنا ہو جائیں گی لیکن یہ جوہر غیر فانی یعنی عشق ہمیشہ باقی رہنے والی چیز ہے۔

'تصوف' صرف مذہب عشق ہے۔ آپ فرط زندگی سے 'حقیقت' کے پیچھے پڑے اور جیسے آئے تھے، ستر اسی برس کے ریاضات و مجاہدات کے بعد بھی کورے گئے۔ میں نے آنکھ کھولی تو کچھ نہ دیکھ سکا۔ اس لئے آپ کی اصطلاح میں صرف 'عشق مجازی' سے غرض رکھی۔ یعنی اپنا 'معبود' خود پیدا کر لیا اور تھوڑی سی عمر جو لے کر آیا تھا اس خیال میں گزار دی۔

خدا سر دے تو سودا دے تری زلف پریشاں کا
جو آنکھیں ہوں تو نظارہ ہو ایسے سنبلستاں کا

گوشوارہ پر آپ دیکھیں گے، میرا پاکیزہ تخیل بڑے بڑے زاہدوں کے 'صعوبات لاطائل' سے کتنا اچھا رہا۔ وہ عمر بھر روتے رہے اور روتے گئے۔ اور میں نے ہنستے کھیلتے دن کاٹ دیے۔

یہ فقرۂ معترضہ تھا۔ اہل سائنس کا خیال ہے کہ عشق چاہنے والوں میں سے کسی کا اختیاری نہیں، بلکہ ایک جذبۂ اضطراری ہے جو گزشتہ زمانے کے ہزارہا میلان

طبائع نے وراثتاً ہمارے لئے چھوڑا ہے۔ ہم کسی عورت کو اس لئے نہیں چاہتے کہ وہ نازنین ہے، پری پیکر ہے، خوش ادائی اور دل فریبی میں آپ اپنی نظیر ہے، بلکہ وہ ہمارے دائرۂ پرستش کا مرکز اس لئے بنی ہوئی ہے کہ وہ ایک ناقابل بیان طریقہ سے جنس مقابل یعنی مرد کے لئے ایک ایسا 'نغمۂ مستانہ' چھیڑتی ہے جسے مرد ہی خوب سمجھتا ہے اور جو ہماری زندگی کے جوہر خالص یعنی روح کو ان طبقات بالا تک پہنچاتا ہے جہاں خیال کے سوا کسی چیز کی رسائی نہیں۔ یہ بحث نہایت دلچسپ ہے۔ لیکن مستقلاً اظہار خیال چاہتی ہے۔ یہاں اس کے چھیڑنے کی گنجائش نہیں، پھر کبھی دیکھئے گا۔ سر دست ایک مغربی شاعر کے خیالات سنئے جو جذبات میں ڈوبا ہوا ہے اور اپنی معشوقہ یعنی بیوی کے فراق میں یوں اظہار خیال کر رہا ہے۔

"رات کا پچھلا پہر اور دل ہی دل میں کچھ باتیں۔"

"میری ہستی بے ثبات کا سب سے بڑا کارنامہ تیری محبت پر قابو حاصل کرنا تھا، میں نہ ہوتا تو یقیناً غیر مفتوح رہتی۔ یعنی کسی کے بس میں آنے والی نہیں تھی۔ کیا دنیا کی کوئی قوت جیتے جی تجھ کو مجھ سے چھڑا سکتی ہے؟ پھر یہ علیحدگی کیسی؟ دیوانگی، استغراق فنا، مذہب عشق کی صرف اصطلاحات ہیں۔ میں تو تجھ میں اس طرح تحلیل ہو گیا ہوں کہ وجود ذاتی کا سرے سے پتہ نہیں! آخر کیوں؟ کیا تیرا دلفریب حسن، تیری کافر ادائیاں اس کا باعث ہیں؟ نہیں! تو عشق مجسم ہے۔ تو مستی شباب کے سوا جذبات میں اس طرح وڈبی ہوئی ہے کہ تیری غایت زندگی صرف محبت ہے اور کچھ نہیں!

ہاں تو نے عشق کی کاٹ عشق سے کی اور میں مقابلہ میں ٹھہر نہ سکا یعنی بازی

ہاری! ہائے کتنی دلچسپ فتح ہے لیکن آخر مجھے اپنی شکست پر ناز کیوں ہے؟ اس لئے کہ یہ 'شکست' دنیا کے اور دیوانوں کے حصے میں کبھی نہیں آئی۔ آرزوئیں اور قصہ ہی رہے۔ مطلوب کا ملنا دوسری دنیا کے لئے اٹھار کھا گیا۔ یہ خیال کہ تو مجھے چاہتی ہے جان دے دینے کے لئے کافی ہے۔ تجھ کو پا کر چاہئے تھا کہ بے قراری کچھ کم ہوتی، لیکن یہ کیسا روگ ہے جو کسی طرح پنپنے نہیں دیتا، میں دیکھتا ہوں کسی طرح چین نہیں، خاص کر آج کل کی جدائی بلائے جان ہو رہی ہے۔

عرب کی جو شیلی عورت اپنے عاشق سے جدا رہنا پسند نہیں کرتی یعنی وہ فطرتاً ہم آغوشی و ہم بستری کی شائق ہوتی ہے۔ میری پیاری کیا تو کم پر جوش ہے؟ تیری تو رگ رگ میں کوٹ کر بجلی بھری ہوئی ہے، یہ تیری دبی ہوئی چنگاریاں تھیں جن سے میری زندگی کی بجھی ہوئی حرارت دفعتاً بھڑک اٹھی۔

پیاسے کو انگاروں پر لٹانا جب چند قطروں سے پیاس بجھتی ہو! یہی شرط وفا ہے؟ تو نے کیوں مجھے وہ گر سکھائے جن سے آج تک ناآشنا سا رہا۔ تو نے میری ایک سوئی ہوئی قوت کو جو حاسۂ انسانی میں سب سے زیادہ لطیف و شیریں ہے، چھینٹے دے دے کر جگا یا۔ تیری تطبیق اعضائی اور انگوٹھی پر نگ کی سی موزونیت تیری نفاست اور پاکیزگی فطرت کا ایک راز ہے۔ سچ یہ ہے کہ تو یونانیوں کی محض 'زہرۂ عریاں' نہیں بلکہ حسن و عشق کی مشترک دیوی ہے۔ جو انانہ خوش فعلیاں ان دنوں خواب و خیال ہو رہی ہیں۔ جب سے تو چھوٹی زندگی وہ نہیں رہی!

میری خاک ایک دن خاک ہو کر رہے گی لیکن وہ جوہر غیر فانی یعنی تیرا عشق میری یاد دلاتا رہے گا، لیکن قبل اس کے یہ صورت پیش آئے، آکر مجھے گلے

لگالے۔ زندگی تو آج کا نام ہے، کل اختیاری نہیں! تیرے ساتھ کے چند گھنٹے ہزار زندگیوں کے برابر ہیں۔ دیکھ! میری عمر کا بڑھانا تیرے لئے کتنا آسان ہے، کیسی مجبوری اور کہاں کار کھ رکھاؤ؟ جس کوچہ میں تو نے قدم رکھا ہے وہاں تیسرے کا گزر نہیں۔ ان ڈھکوسلوں سے کیا واسطہ؟ عشق کا فتویٰ تو یہ ہے کہ دو کے سوا تمام دنیا حرف غلط۔

***

۸

خواب طفلی اور آرزوئے شباب

"آپ کے خیال میں صنفِ نازک یعنی عورت کو کیا ہونا چاہیے؟"

"صرف خوبصورت! جس کی سرسری جلوہ گری یعنی ایک جھپک اچھے اچھوں کے لیے صاعقہ جاں سوز سے کم نہ ہو۔" ایک مغربی شاعر کہتا ہے، "عورت او عورت تو مجسم عشوہ گری ہے! اور دنیا میں بے فوج کی سلطنت کر سکتی ہے، تیرے فتوحات خالص اخلاقی ہیں یعنی تو دلوں پر حکومت کرنے والی ہے۔"

میرا خیال ہے اس پر کچھ اضافہ کی ضرورت نہیں۔ سچ کہئے عذرا اور واقعی بہت حسین ہے؟ حسین تو ایک معمولی اور سرسری لفظ ہے عورتیں سبھی اپنی اپنی جگہ حسین ہوتی ہیں، لیکن میں اپنے تخیل میں اوروں سے اس قدر مختلف ہوں۔ صرف گوشت پوست سے کام نہیں چلتا، عذرا میری عذرا! تو نظم زندگی یعنی پوری شاعری ہے۔ اس کی آواز کامل موسیقی، اس کا تبسم میرا عنصر حیات ہے، وہ قطعاً توبہ شکن ہے توبہ شکن اور کافر ایمان! ناممکن ہے کہ نظر پڑتے ہی اس پر قابو حاصل کرنے کو جی نہ چاہے۔ جہاں آنکھیں ملیں بس یہ معلوم ہوتا ہے تمام جسم میں بجلی دوڑ گئی، مدت ہوئی جب میں پہلی نظر میں شہید ہوا، دل سے آواز آئی، "خدایا خیر!" جس

کا نتیجہ آج تک بھگت رہا ہوں۔

مجھ پر اتنا سخت وار کبھی نہیں ہوا، کچھ تو ہے جس کی وجہ سے مٹا ہوا ہوں، میری آنکھوں سے دیکھنے کی ضرورت ہے۔ لیکن خود مجھے معلوم نہیں کس ادائے خاص کا دلدادہ ہوں، پچھلی دفعہ بہت اتری ہوئی حالت میں دیکھا، پھر بھی ایک بات تھی، آج تک عالمِ تصویر آنکھوں میں پھر رہی ہے! "کیا عذرا آپ کے دل کا راز جانتی ہے؟" ہاں ہاں خوب جانتی ہے کہ میں اس پر مٹا ہوا ہوں لیکن تم کو ہندوستانی سوسائٹی کی حالت معلوم ہے۔ ہمارے ہاں جائز عشق کا پتہ نہیں، نہ جذبات قوت سے فعل میں آسکتے ہیں۔ یہ بات مہذب اقوام میں ہے کہ عقد سے پہلے بیگانگی نہیں رہتی، اس کا افسوس ہے کہ میں نے عذرا کے لیے ایک نئ خلش پیدا کر دی، اور ایک ایسی فضائے بسیط پیش نظر کر دی جس میں کانٹے ہی کانٹے ہیں۔ فتنۂ خوابیدہ کو چھینٹے دے دے کر جگانا صریحی ظلم تھا۔

حصولِ آرزو جسے شعرا اپنی اصطلاح میں "وصل" کہتے ہیں، ایک طرح کی خود غرضی ہے، انتظار و ناکامی میں ایک لذتِ خاص ہے، اور چونکہ مجھ کو عذرا کے ساتھ خالص روحانی تعلق ہے اس لیے گو وہ مجھے گلے کا ہار نہ بنا سکے تاہم میں اس کی پرستش سے جیتے جی کبھی دست بردار نہ ہو سکوں گا۔ وقت گزر جائے گا قصے رہ جائیں گے۔ خیر سے سن کیا ہوگا؟ یہ نہ پوچھو، میں وہ پھل چاہتا ہوں جو ڈال میں ٹپکا اور پکا پکایا ہو، ادھ کچرے یعنی ثمر خام کی ضرورت نہیں، نہ پال ڈالنے کی فرصت۔ عذرا کا موجودہ سن وسال عطر زندگی ہے اور عشق و محبت کے ولولے اسی زمانہ میں زیادہ ہوتے ہیں۔ سو بات کی ایک بات یہ ہے کہ مجھ کو پسند ہے اور وہ مدتوں اتنی

رہے گی کہ مجھ پر فتوحات حاصل کرتی رہے، مجھے اس کے ہوتے دنیا میں کسی ور کی ضرورت نہیں۔

بعضوں کا خیال ہے جنت میں حوریں ملیں گی، لیکن جن کو ملیں گی انہیں کو مبارک! میں ادھار پر نقد کو ترجیح دیتا ہوں، اور ڈنکے کی چوٹ "خیام" کا ہم خیال ہوں، جھونپڑوں میں محلوں کا خواب دیکھنا نہیں چاہتا، کسی سبزہ زار یا بہتے ہوئے چشمے کے کنارے عذرا کی مخمور آنکھیں اور ایک جام شراب میری اصلی غایت زندگی ہے جس کے سوا دنیا سے کچھ نہیں چاہتا۔ میں بہیئت موجودہ، دوبارہ نہیں پیدا ہوں گا، اس لیے کس قدر ضرورت تھی کہ دوچار برس جو لطف سے کٹنے تھے، بیکار نہ جاتے۔ کل کی بات ہے میں نے شاہی کھوئی ہے، پھولوں کی سیج یاد ہے، کاش عذار مل جاتی، وہ میری نور جہاں اور زندگی کے تمام صیغوں کی حکمراں ہوتی، اسے دنیا کے سامنے شائستگی اور زندہ دلی کا نمونہ بنا کر پیش کرتا، اس کی موزونیت سے طرح طرح کے فائدے اٹھاتا۔

بہر حال خدا جانے کیا کیا کرنا چاہتا ہوں، لیکن کوئی چیز جذبات کی اکسانے والی تو ہو؟ عذرا میری اسسٹنٹ ہو تو اردو لٹریچر میں جان آ جائے گی، لیکن لوگ نہیں سمجھتے اور سمجھیں کیوں کر، ان کے ہاں "جنس لطیف" کا مصرف یہ ہے کہ ہانڈی چولھے کے لیے وقف رہے، گول خانے میں چوکھنٹی چیز کس قدر بے تکا پن ہے۔ افسوس! مجھے سرے سے مطلب بر آری کی امید نہیں، دیکھنا محض عالم خیال سے سروکار رہا، شروع سے میرا حصۂ رسدی اتنا ہی تھا۔ دنیا میں غایت زندگی کیا ہے؟ صرف حصول مسرّت! اور یہ ایک خیالی چیز ہے، جاگے تو کسی خیال میں اور سوئے تو

اس طرح،

شبِ امید بہ از روز عید می گزرد
کہ آشنا بہ تمنائے آشنا خفتہ است

غرض اٹھتے بیٹھتے ہر وقت ایک "عالم تصویر" خیال میں ہو جس سے جینا تو جینا مرنا کس قدر آسان ہو جاتا ہے؟ فلسفیوں سے آج تک "حسن" کی جامع تعریف نہ ہو سکی، بہت زور لگا کر بھی اس قدر کہہ سکے کہ حسن ایک طرح کے تناسب اعضا کا نام ہے، لیکن آؤ میں تمہیں بتاؤں۔ یہ جو گوری چٹی، کشیدہ قامت، چھریرے بدن کی، کچھ چرائے چھپائے بچتی ہوئی آ رہی ہے، ذرا غور سے دیکھنا! اندھیرے میں بھی اس کا چہرہ کتنا چمک رہا ہے۔ یہ جیتی جاگتی "زہرۂ شب" تمہارے دل میں جگہ پائے گی، کچھ معلوم بھی ہے، کون ہے؟ غور سے دیکھو، وہ بہترین "عطیۂ فطرت" جسے شعراء "دفینہ حسن" کہتے ہیں، اور آج کل کی اصطلاح میں آپ "مخزنِ جذبات" (یعنی بیٹری) کہیے۔

بے خود تھے شراب پینے والے
مستی میں الٹ دیے پیالے

جس سے برقی رو تمام جسم میں دوڑ جاتی ہے، اسے امنگوں کی طرح یہ ماہ وش اپنے سینہ سے لگائے ہوئے ہے! ذرا پردے میں جوانی کی سرکشی دیکھئے گا۔ چھبتے ہوئے کپڑے گویا خود سانچے میں ڈھل گئے، جس کا جائزہ آنکھوں آنکھوں میں بھی عیشِ خالص سے کم نہیں، فطرت کا یہ نازک تر، لطیف تر، ثمر "پیش رس" دراصل فلسفہ حسن کا عنوانِ اولین ہے، یہاں ہوس سے کام نہیں چلنے کا، اس چیز کی تلاش

ہے جو فطرت کی عام فیاضیوں کے ساتھ بھی نایاب ہے، کیونکر میں جس صاف شفاف سینہ کو سینے سے لگانا چاہتا ہوں، ضرورت ہے کہ پہلو میں وہ ایک شریفانہ دل رکھتا ہو۔ "رفیق زندگی" ہونے کی پوری صلاحیت کے ساتھ ہمدرد و ہم خیال ہو، یعنی دائرہ اوصاف کے لیے کچھ باقی نہ رہے، کتنا اچھا تخیل (آئیڈیل) ہے۔

فلسفۂ اخلاق سے جانچیے۔ "اقتضائے نفس" ایک دم سے "شایان حال" ہوا جاتا ہے۔ بڑے بڑے زاہد و مرتاض عمروں کے ریاض اور مکاشفہ کے بعد بھی "راز ہستی" کو نہ سمجھے، نہ کسی نے زندگی کو "از گہوارہ تا گور" نظر غائر سے دیکھا۔ مقصود اصلی کی تلاش تو خیر! ابھی سرے سے یہی نہیں معلوم "زندگی کیا ہے؟" کہاں سے آئے؟ کیوں آئے؟ کہاں جائیں گے؟ اور یہ چند روزہ ہستی فنا سے پہلے کیا چاہتی ہے؟ ہستی موجودہ بری ہو یا بھلی، اس کے حقوق کا اقتضا کیا ہے؟ بس یہی کہ "کسی کو گلے سے لگائیے۔" بڑے سے بڑا فلسفۂ زندگی یہی ہے، یعنی "حصول مسرت" کے سوا کوئی غایت ہستی نہیں، یہاں کی ہو یا آپ کے حسن ظن کے مطابق کہیں اور کی، بات ایک ہی ہے۔ ہم یہاں پئے لیتے ہیں آپ وہاں سمجھ لیجئے گا۔ بشرطیکہ یہاں وہاں دونوں جگہ احمق نہ رہئے! یہ صاف صاف اس لیے کہہ رہا ہوں کہ میرے ہاں دل اور زبان ایک چیز کے دو نام ہیں، دوسرے چھپاتے ہیں یعنی وہ نہیں کہتے جسے دل چاہتا ہے۔

بھئی کہتے تو ٹھیک ہو، ایک بات اور بتا دو کیا عذرا تم کو چاہتی ہے؟ بوڑھے بچے! یہ اس کا راز ہے تم نہ پوچھتے تو اچھا تھا! (دل کی بے قراری آنسو بن کر آنکھوں سے ٹپک پڑی) ہاں وہ دل سے چاہتی ہے، خیالی کانوں سے سنو! دبی زبان سے کھڑی کیا

کہہ رہی ہے۔

دل تو نذر کر چکی، جان باقی ہے وہ بھی قربان کر دوں گی، آپ کہتے تھے عذرا چور ہے، لیکن چوری کی اچھی سزا مجھے ملی، راتیں رو رو کر کاٹتی ہوں، خدا جانے کیا روگ ہو گیا ہے۔ کھانے پینے کی طرف رغبت نہیں، نہ کسی بات میں جی لگتا ہے، کوئی پوچھتا ہے تو ٹال دیتی ہوں کہ "طبیعت اچھی نہیں!" مصیبت یہ ہے کہ میں آپ سے کچھ نہیں چاہتی، صرف گنہگار محبت ہوں! دل تو مدت ہوئی کھو چکی، ہاتھ بھی اب حاضر ہے، کیونکہ اب اس لائق ہو گئی ہوں، آپ اطمینان رکھیں۔ عذرا اور بے وفائی؟ خدا اس دن کے لیے نہ رکھے! بیوی بنوں گی تو آپ کی، ورنہ عمر یونہی گزار دوں گی، یاد رکھئے میں آپ کی ہو چکی! ذرا دل میں وہم نہ لائیے گا، اسے پتھر کی لکیر بلکہ نوشتۂ تقدیر سمجھئے، آپ کی صرف آپ کی۔

سیرت صورت پرستاں اور ہے
مذہب الفت پرستاں اور ہے
درد ہے جس میں وہ صہبا اور ہے
بادۂ ناب مصفّا اور ہے
جس کے ہم جویا ہیں وہ شے اور ہے
چور ہم جس سے ہیں وہ مے اور ہے
مے ہے اپنی اور پیمانہ ہے اور
عشق کے مستوں کا میخانہ ہے اور
جب سے دیکھا اس کا جلوہ آنکھ سے

غیر عذرا کچھ نہ دیکھا آنکھ سے
سامنا ہے آفتابِ عشق سے
مست و بیخود ہوں شراب عشق سے
راقم

ہم ہنسی کھیل سمجھتے تھے لگانا دل کا
اب یہ جانا کہ اِسے کہتے ہیں آنا دل کا

***

۹

تمدن عرب پر ایک کھلی چٹھی

میرے پیارے ریاض! گورکھپور کے ایک دوست کے خط میں میں نے افسوس کے ساتھ دیکھا کہ ریاض الاخبار میں "تمدن عرب" کی نسبت جو نوٹ لکھا گیا تھا، اس سے وہاں کے لوگ بدظن ہو گئے ہیں۔ وہ استصواباً مجھ سے دریافت کرتے ہیں کہ "ریاض کا ریمارک کہاں تک درست ہے؟"

مجھ کو نہایت افسوس ہے کہ آپ کا نوٹ اس وقت میرے پیش نظر نہیں ہے لیکن جہاں تک یاد آتا ہے آپ نے کسی اخبار کے حوالہ سے جو لکھا تھا، اس کی تفصیل غالباً یہ ہے۔

(۱) شمس العلماء مسٹر سید علی بلگرامی نے تمدن عرب میں حیدرآباد کی پالی ٹیکس پر حملہ کیا ہے اور یہ امر اس تعلق کے لحاظ سے جو ممدوح کو ریاست سے ہے، کسی قدر ناموزوں تھا۔

(۲) اسی ضمن میں ترجمہ یا ترجمہ کی زبان کی بھی شکایت تھی جو آپ نے کسی ہم عصر کے حوالہ سے لکھی تھی۔

تمدن عرب کے صفحے میرے سامنے ہیں اور میں حیرت میں ہوں کہ باوصف

کوشش، الزام اول کا کوئی ماخذ اس وقت تک نہ مل سکا، مجھے خوف ہے آپ نے جو کچھ لکھا، محض ایمان بالغیب کی حیثیت سے تھا، کیونکہ باوصف اس اعزاز کے جس کے آپ مستحق ہیں، میں مجبوراً اس خیال کی طرف مائل ہوں کہ آپ نے بہ نفس نفیس کتاب کے کسی حصہ کے دیکھنے کی تکلیف نہ اٹھائی ہوگی۔ اس لئے آپ کی طرف سے کسی رائے کا اظہار محض کسی غیر وقیع ہم عصر کی لغزش خیال کی پیروی تھی جو آپ کے لئے "ہوئے بس است" سے زیادہ گئی گذری ثابت ہوئی۔

جس امر کا الزامی حیثیت سے ابتداً کسی پرچہ نے نوٹس لیا اور بہ اتباع سنت آپ نے بھی اظہار خیال کی ٹھہرادی، وہ اس سے زیادہ نہیں ہے کہ مترجم نے دیباچہ میں جہاں ترجمہ کی مشکلات کا ذکر کیا ہے، کسی فروگذاشت کے لئے اس بناء پر چشم پوشی کی خواہش کی ہے کہ ایک دیسی ریاست کے ملازوں کے لئے جہاں آئے دن کی درباداریوں اور انقلابات سے فرصت نہیں ملتی، اپنے فرائض منصبی کے علاوہ بہت مشکل ہے کہ وہ اتنی بڑی ضخیم تالیف کے بار سے تھوڑی سی مدت میں بوجہ احسن سبکدوش ہو سکے، یہ ہے اصلیت اس الزام کی جس کو میں زیادہ سے زیادہ "مؤلفانہ گریز" کہوں گا۔

زبان کی نسبت آپ سے زیادہ کوئی نہیں جانتا کہ اردو اس ابتدائی حالت میں نہیں ہے جب شعراء کا ایک خاص فرقہ (جن کو میں نہیں جانتا ناظم کہہ سکتا ہوں یا نہیں) جس کے دل و دماغ کے نتائج انتہائی پرواز فکر کے ساتھ بھی صرف دو مصرعوں کی صنعت تک محدود ہوتے تھے، خود کو اردو کا مربی سمجھتا تھا۔ ایک شکمی زبان کے لئے جو کوئی مستقل حیثیت نہ رکھتی ہو، جس کا رسم خط آج تک ٹھیک نہ ہو،

بد نصیبی سے جس کی نسبت کہا جاتا ہے کہ زبان کے ساتھ خط کو کوئی مناسبت طبعی نہیں ہے، یعنی زبان میں فطرتاً جو اصوات ہیں، ان کو بہ بخوبی ادا نہیں کر سکتا۔

بہ الفاظ دیگر ہر لکھا ہوا لفظ ایک خاص خیال کی تصویر ہے جس کی آواز کو اس کے اجزائے ترکیبی سے چنداں تعلق نہیں ہے۔ یعنی حرکات بالحروف کی جگہ صرف چند اختراعی علامات کی وجہ سے جو سمیا طبقی زبان کے خصائص میں سے ہے، ہم اردو کو جو آرین خاندان سے ہے، صحیح نہیں پڑھ سکتے اور اس لئے لازم سا ہے کہ کسی لفظ کے پڑھنے سے پہلے ہم اس کے مفہوم سے واقف ہوں ورنہ بے علمی میں صحیح تلفظ ناممکن ہو گا۔ غرض یہ کہ ایسی زبان کے لئے جس کا املا تک صحیح نہ ہو، متقدمین کی کوششیں کسی حیثیت سے ہوں، ہر طرح لائق ادب ہیں، لیکن زمانہ کا ہر قدم آگے ہے، ہم کو نری تک بندیوں کے سوا کچھ اور بھی کرنا ہو گا۔

میرا خیال ہے کسی مفتوح قوم کے لئے اپنی قومی زبان کو ترقی دینا صرف اس اصول پر ممکن ہے کہ زمانہ کی روز افزوں ترقی کے لحاظ سے اس میں وہ وسعت پیدا کی جائے جو قوم فاتح کے لٹریچر اور اس کی مختلف النوع شاخوں سے مل سکتی ہے، یعنی زبان کو علوم نظری اور فلسفہ کے اکثر نہیں تو بعض اجزاء سے مانوس کیا جائے، اور گو یہ ممکن نہیں کہ ابتداً علم کی اکثر شاخ میں متوازی ترقی ممکن ہو تاہم بعض اجزاء جن سے قوم کے اکثر افراد کو فطرتاً یا اکتساباً مناسبت ہو، اس قابل ہیں کہ وہ ہمارے ملکی لٹریچر میں جذب کر لئے جائیں، جس سے اردو زبان بھی علمی حیثیت سے یورپ کی زبانوں سے ہم ردیف ہو۔

اس لئے ہماری کوششوں کا رجحان طبعی جہاں ہم علوم جدیدہ کو اصلی زبانوں

سے حاصل کر سکتے ہیں، ملک کے عام فوائد کے لحاظ سے یہ بھی ہونا چاہئے کہ یورپ کے فلسفہ کی کسی شاخ کو جو ترتیباً ہمارے لئے موزوں اور مفید ہو، اپنی زبان میں وقتاً فوقتاً منتقل کرتے رہیں لیکن میں پہلے دیکھوں گا آیا ہم میں اتنی صلاحیت موجود ہے کہ ترجمہ کی حیثیت سے ہماری پیش دستیاں طفلانہ کوششوں سے کچھ زیادہ وقیع ہوں۔

ترجمہ، اگر میں غلطی نہیں کرتا تو بعض حالتوں میں کسی مستقل تصنیف سے زیادہ مشکل ہے، جس کی غایت اصلی یہ ہوتی ہے کہ مصنف نے اپنی زبان میں جس طرح اظہار خیال کیا ہے، مترجم بجنسہ ان خیالات کے سایہ میں اپنے الفاظ سے کام لے لیکن زور بیان ہاتھ سے نہ جائے۔ اس پابندی اور رکھ رکھاؤ کے ساتھ آپ دیکھیں گے کہ ہر زبان کے خصائص نوعی مختلف ہیں، جس طرح ایک روزمرہ یا محاورہ، استعارہ یا تلمیح میں ایک خیال کو ادا کر سکتے ہیں، یہ ضرور نہیں کہ دوسری زبان میں بھی اسی قبیل کے الفاظ موجود ہوں۔ اس سے بھی زیادہ مشکل اصطلاحات کی ہے۔

صرف ایشیائی یا یوروپین زبانوں سے اگر ایک کا ترجمہ دوسری زبان میں ہو تو بہتیری اصطلاحات بجنسہ یا کسی قدر تصرف کے ساتھ کارآمد ہو سکتی ہیں اور اکثر ایسی مشترک خصوصیات ملیں گی، جن سے ترجمہ میں نہایت آسانی ہو گی، لیکن یورپ کے فلسفہ کو اگر ہم ایشیائی زبان میں لینا چاہتے ہیں تو ہماری دشواریوں کی کوئی حد نہیں رہتی۔ خاص کر اردو جو بجائے خود مستقل زبان نہیں ہے، تاوقتیکہ عربی مصطلحات سے مدد نہ لی جائے، علمی حیثیت سے کسی ترجمہ کی کفیل نہیں ہو سکتی،

یعنی ایک مترجم کی لئے اس کی ضرورت ہو گی کہ جہاں وہ مغربی زبانوں اور علوم جدیدہ میں کافی دستگاہ رکھتا ہے، صرف اردو کا ادیب نہ ہو، بلکہ اس کے اصلی ماخذ یعنی مشرقی علوم بالتخصیص سنسکرت اور عربی کا پورا علم ہو۔ اس کے ساتھ ہی علم اللسان کی موشگافیوں سے پورا مذاق رکھتا ہو۔ مختلف زبانوں میں اصطلاحات یا الفاظ مرادف کے اشتقاق، ان کے استخراج اور خواص طبعی سے واقف ہو۔ اس جامعیت کے ساتھ میں آپ سے دریافت کرنا چاہتا ہوں، ملک کے علم دوست حضرات کے لئے کسی علمی ترجمہ کا کفیل ہندوستان میں یہ استحقاق سید علی بلگرامی کے سوا کون ہو سکتا ہے جو یورپ وایشیا کی متعدد السنہ کے اکثر خاندانوں کا زبردست فاضل ہے۔

ان مسلمات کے بعد جو تمہیداً بیان کئے گئے ہیں، میں تمدن عرب کو پیش کرنا چاہتا ہوں جو میرے خیال میں تاریخی فلسفہ کا بہترین نمونہ ہے اور میں اپنی اس رائے میں غالباً منفرد نہیں ہوں کہ ترجمہ کے لحاظ سے لائق سے لائق شخص کا انتہائی تخیل جو کچھ ہو سکتا ہے، کتاب اس کی پوری تصویر مرئی ہے۔ افسوس ہے کہ میں اپنی مصروفیت سے اس قدر وقت نہیں پاتا کہ اپنے دعویٰ کی دلیل میں اقتباسات کو پیش کر سکوں، یہ فرض ریویو نگار کا ہے جس کو غالباً مولوی وحید الدین سلیم معارف میں تفصیل کے ساتھ ادا کر چکے ہیں۔ میری غایت صرف یہ ہو گی کہ واقعی اوصاف کے ساتھ اس تالیف کی تقریب پبلک میں اس حیثیت سے کی جائے جس سے کسی غلط فہمی کا، اگر قبل از وقت پیدا ہو تو استیصال ممکن ہو۔

بہر حال میرا دعویٰ یہ ہے کہ ترجمہ شستہ رفتہ، صاف اور اس قدر لطیف ہے کہ مستقل کتاب کا دھوکا ہوتا ہے یعنی اصل مصنف کے خیالات یا مسائل تاریخی

اس طرح مترجم کے دماغ میں پیوست معلوم ہوتے ہیں کہ وہ مجدداً اپنی زبان اور اپنے الفاظ میں ان کو بے ساختہ ادا کرتا ہے اور یہی وہ امتیازی حیثیت ہے جو لائق مترجم کو مؤلفین کی عام رفتار سے بہت آگے ڈال دیتی ہے۔ لطف یہ ہے کہ ساری کتاب میں کہیں سے پیچیدگی نہیں، تعقید نہیں۔ نازک سے نازک فلسفیانہ بحثیں، معمولی روزمرہ جہاں تک ساتھ دے سکتا تھا، اس برجستگی کے ساتھ اردو قالب میں ڈھالی گئی ہیں کہ دماغ پر زور ڈالنے کی ضرورت نہیں ہوتی۔ نہ یہ معلوم ہوتا ہے کہ لکھنے والے کو کچھ اہتمام کرنا پڑا۔

غرض دقیق سے دقیق مطالب بھی اجنبیت یا غربت الفاظ کے تابع نہیں ہیں۔ مختصر یہ کہ تاریخی لٹریچر کے لئے جس اسٹائل یعنی خاص طرز تحریر کی ضرورت ہے، وہ ضرورت کامل احتیاط کے ساتھ پوری کی گئی ہے اور سخت چھان بین کے بعد بھی کوئی رکیک امر ایسا نہیں ملتا جو متانت تالیف سے گرا ہوا ہو۔ میں نہیں جانتا اس سے زیادہ ہماری توقعات کیا ہو سکتی ہیں۔

میں امید کرتا ہوں کہ میرے مخاطب صحیح وہ لوگ نہیں ہیں جو تمدن عرب میں وہ زبان ڈھونڈتے ہیں جو شوقؔ یا قلقؔ کی مثنویوں میں لکھی گئی ہے۔ یہ جاہلانہ گروہ سرے سے لائق التفات ہی نہیں ہے۔ سچ یہ ہے کہ تاریخی فلسفہ کے لئے جس طرز تحریر کی ضرورت ہے وہ خود ایک مستقل اسٹائل ہے جس کی اولیت کا فخر شبلیؔ اور سید علیؔ کے حصہ میں رہے گا۔ جو حضرات اپنی لکیر پیٹے جاتے ہیں، ان کو یاد رکھنا چاہئے کہ "عمارت کی ترمیم ہو گی یا عمارت خود نہ ہو گی۔"

مختصر یہ کہ میری رائے کا میلان طبعی یہ ہے کہ اردو زبان میں ایک قیمتی

اضافہ کی حیثیت سے یہ کتاب مفروضہ نقائص کے ساتھ بھی اس لائق ہے کہ انیسویں صدی کے معظمات الامور میں محسوب ہو، بالتخصیص نفس مضمون کے لحاظ سے جو نہایت اہم اور قابل غور ہے لیکن کم سے کم نصف صدی کے بعد شاید یہ مذاق پیدا ہوگا کہ ہم اس قسم کی تالیف سے مانوس ہو سکیں، جو میرے خیال میں بہ ہیئت مجموعی اس قدر دقت نظر چاہتی ہے کہ میں مایوس ہوں، آیا ایک کم سواد شخص جس کا سرمایۂ ناز صرف اردو کی زبان دانی ہو، اس کی نگاہ ان فلسفیانہ نکات تک پہونچ سکتی ہے جو ترجمہ کے اجزائے کیمیائی ہیں۔

ان جزئیات کی تفصیل کے سلسلہ میں غالباً اس لائق ہو گیا ہوں کہ اختلافی مسئلہ میں ایک کافی حد تک آپ ہم سے اتفاق رائے کے لئے آمادہ ہو جائیں یعنی جس طرح ترجمہ کی ذمہ داریاں نہایت سخت ہیں، آپ کو تسلیم کرنا ہوگا کہ صرف سید علی ہی اپنے عالمانہ اوصاف کے ساتھ ایسے ضخیم ترجمہ کا کفیل ہو سکتا تھا اور اس لئے یہ سخت ناشکری ہوگی کہ اس کی قابل قدر کوششوں کا فیاضانہ اعتراف نہ کیا جائے۔

میرا خیال ہے کہ آپ نے نہایت بے پروائی سے ایک غلط رائے کی پیروی، لائق مترجم کی حق تلفی کے سوا یہ ایک شرمناک لغزش تھی کہ ایک ذمہ دار ایڈیٹر کا قلم ذاتی تحقیق سے کوئی لگاؤ نہیں رکھتا، جس سے پبلک کو غالباً اخلاقی نقصان پہونچنے کا احتمال ہو سکتا ہے۔ میں نے آپ کی ذمہ داریوں کے لحاظ سے کسی قدر سختی سے آپ کو ٹوکا ہے، مگر یہ پیرایہ خود کے اعزاز کی تائید میں ہے جس کے لئے میں امید کرتا ہوں کہ آپ مجھے معاف فرمائیں گے۔

میں نے قصداً ایسے امور نظر انداز کر دیے ہیں جن سے انسانی تصنیف خالی

نہیں ہو سکتی، کسی آئندہ موقع پر "تصویر کارخ تیر گوں" بھی دکھلاؤں گا۔ سر دست میں نے صرف کتاب کی تقریب پر قناعت کی ہے کیونکہ میرا خیال ہے، بہ ہیئت مجموعی یہ ترجمہ ایک نہایت عظیم الشان کوشش ہے۔

اگر آپ پسند فرمائیں گے تو میں اپنی دوسری چٹھی میں تاریخی فلسفہ، اس کے موضوع اور اس کی ضرورت سے بحث کروں گا اور دکھاؤں گا کہ یورپ کے تمام سرمایۂ تاریخی میں جو اقوام دنیا سے متعلق ہیں، اصل تصنیف (یعنی ماخذ تمدن عرب) کس پایہ کی ہے جس سے میرے احباب اندازہ کر سکیں گے کہ تاریخ عالم کے سلسلہ میں مسلمان فلسفیانہ اور تمدنی حیثیت سے نسبتاً کس درجہ پر ہیں۔ ایشیا کے لئے یہ بالکل ایک جدید بحث ہے، جس کے لئے ہم کو یورپ کا بہت ممنون ہونا چاہئے۔

***

۱۰

تمدن عرب اور پروفیسر شبلی

فاضل پروفیسر نے اپنی ایک جدید تالیف تہدیہ کی حیثیت سے سلسلۂ آصفیہ کی فہرست میں داخل کی ہے اور سلسلۂ آصفیہ کی تقریب ان الفاظ میں کی ہے،

"ہمارے معزز و محترم دوست شمس العلماء مولانا سید علی بلگرامی 'بجمیع القابہ' کو تمام ہندوستان جانتا ہے، وہ جس طرح بہت بڑے مصنف، بہت بڑے مترجم، بہت بڑے زبان داں ہیں، اسی طرح بہت بڑے علم دوست اور اشاعت علوم وفنون کے بہت بڑے مربی و سرپرست ہیں۔ اس دوسرے وصف نے ان کو اس بات پر آمادہ کیا کہ انھوں نے نواب سر وقار الامرا بہادر کی خدمت میں یہ درخواست کی کہ ہز ہائنیس نظام کے سایۂ عاطفت میں علمی تراجم و تصنیفات کا ایک مستقل سلسلہ قائم کیا جائے۔ سلسلۂ آصفیہ کے لقب سے ملقب ہو اور وابستگان دولت آصفیہ کی جو تصنیفات خلعت قبول پائیں، وہ اس سلسلہ میں داخل کی جائیں۔ سر وقار الامرا کو علوم وفنون کی ترویج و اشاعت میں جو التفات و توجہ رہی، اور جس کی بہت سی محسوس یادگاریں اس وقت موجود ہیں، اس کے لحاظ سے جناب ممدوح نے اس درخواست کو نہایت خوشی سے منظور کیا، چنانچہ کئی برس سے یہ مبارک سلسلہ قائم ہے اور

ہمارے شمس العلماء کی کتاب 'تمدن عرب' اسی سلک کا ایک بیش بہا گوہر ہے۔"

تمدن عرب اور اس کے مترجم کی نسبت یہ اس شخص کی رائے ہے جو باعتبار وسیع النظری اور مذاق تالیف، یورپ کے کسی مؤرخ سے پیچھے نہیں ہے اور ملک میں مؤرخانہ عظمت کے لحاظ سے غالباً معلم اول سمجھا جاتا ہے۔ یہ حسن اتفاق ہے کہ گذشتہ اشاعت کے سلسلہ میں تائیداً مجھ کو ایک زبردست رائے پیش کرنے کا موقع ملا، جو یقینی اکثر شائقین کے تاریخی مذاق کو ابھارے گی۔ یہ اقتباس اس حیثیت سے "عین وقت کی چیز" ہے کہ جو لوگ تمدن عرب سی کتاب کا (جس کے تاریخی اجزاء کم و بیش ہزار صفحوں پر قابض ہیں) بلحاظ فن کوئی صحیح اندازہ کرنے سے معذور ہیں، کسی حد تک ان کے خیالات پر اس سے روشنی پڑے گی اور وہ غیر طبعی سکون جو علمی دلچسپیوں کی طرف سے دیسی طبائع میں عموماً پایا جاتا ہے، آئے دن کی چھیڑ چھاڑ سے غالباً تحریک میں آئے گا۔

اگر یہ ہوا تو میں سمجھوں گا کہ مجھ کو اپنی غایت میں امید سے زیادہ کامیابی ہوئی کیونکہ دراصل مقصود بالذات صرف یہی ہے، ورنہ کسی تالیف یا مؤلف کا کوئی ہو، نقیب بننا بنانا منظور نہیں۔ ملک کے اچھے لکھنے والے میرے آپ کے اعتراف سے، جو شاید 'تحسین ناسپاس' سے کچھ ہی بڑھ کر ہے، عموماً بے نیاز ہوتے ہیں، وقت اور مذاق صحیح آپ ان کے نتائج افکار کی قدر کرائے گا۔

پروفیسر شبلی کی تالیف موعود (الفاروق) جس کا ذکر ضمناً آ گیا اور جس پر ریاض الاخبار میں ایک نوٹ دیا گیا ہے، نہایت خوشی کی بات ہے کہ شائع ہو گئی اور برسوں کے بعد حالت منتظرہ رفع ہوئی۔ یہ گوہر شب چراغ، اسی قیمتی سلک (سلسلۂ

آصفیہ) کا ایک خوش آب موتی ہے، جس میں تمدن عرب کے اجزاء پروئے گئے ہیں، غالباً یہ عمروں کی کمائی ہے، بڑی کاوش واہتمام سے سالہا سال کی مؤرخانہ تلاش اور تدقیق کے بعد ناموران اسلام کے سلسلہ میں خلیفۂ دوم (حضرت عمرؓ) کی لائف پر یہ ضخیم تالیف تیار کی گئی ہے۔ مؤرخ نے محض تحقیق واقعات کے لئے ممالک غیر یعنی ٹرکی و مصر وغیرہ کے مصائب سفر برداشت کئے۔ سیکڑوں قدیم ونایاب تاریخوں کے ہزاروں ورق الٹنے پڑے اور جہاں تک دسترس تھا، اصلی ماخذ کی چھان بین میں یورپ کا تاریخی سرمایہ بھی بچنے نہیں پایا۔

غرضیکہ معلومات کا جو ذخیرہ جمع کیا گیا ہے وہ میرے خیال میں تاریخ فاروقی کے مہمات مسائل ہیں، جن کی نسبت یہ عام دعویٰ کیا جاسکتا ہے کہ کسی زبان میں اس قدر مواد یکجا نہیں مل سکتا۔ ایسی بے نظیر تالیف چاہتی ہے کہ مستقلاً ایک تفصیلی نظر اس پر ڈالی جائے مگر یہ لائق لوگوں کا کام ہے اور جس طرح ایک چلتا ہوا شاعر اوروں کی طبع آزمائی کے بعد قلم ٹھانا پسند کرتا ہے، میری خواہش ہے ذرا بڑے لوگ کچھ لکھ لیں پھر دیکھوں گا۔ مگر مشکل یہ ہے کہ آج جن کے قلم کا لوہا مانا جاتا ہے، وہ ہم عصرانہ کوششوں کے اعتراف میں عموماً ممسک ہوتے ہیں، اور صرف اس لئے کھل کر کسی چیز کی داد نہیں دیتے کہ وہ ان کے دماغ کی پیداوار نہیں ہے، حالانکہ یہ قابل افسوس اخلاقی کمزوری ہے۔

یہ چند سطریں جہاں تک الفاروق کا تعلق ہے، صرف اشتہاری حیثیت سے ہیں، امید ہے ملک عام طور پر دست شوق بڑھائے گا، محض شبلی کا نام کافی ضمانت ہے۔

میری پہلی نظر بوجوہ اپنے پیارے دوست ڈاکٹر ابو ظفر پر پڑتی ہے جو غالباً کتابی اوراق کو کرنسی نوٹ کے کاغذ سے قیمتی سمجھتے ہیں، کتاب بھی ایک مادی چیز ہے مگر بہ تبدیلی ہیئت۔ روشن خیال شیخ محمد کے ہوتے گورکھپور کی بدنصیبی ہوگی، اگر کیلنن لائبریری کے آغوش میں سلسلۂ آصفیہ کے یہ قیمتی نمونے (تمدن عرب و الفاروق) پیش پیش نہ ہوئی۔

***

11

علامہ شبلی کا ماہوار علمی رسالہ

آج چھ کروڑ مسلمان تو خیر، اسٹریچی ہال کی مقتدر جماعت کے پاس بھی کوئی علمی رسالہ نہیں جو معلومات غائرہ اور انکشافات عصریہ کے لحاظ سے قوم کے دماغی افق کی توسیع کر سکتا ہو، تہذیب الاخلاق سلسلۂ جدید، سرسید کا نفس واپسیں تھا جو ان کی طرح ہمیشہ کے لئے ہم سے رخصت ہو گیا اور ان کا زندہ کرنا اصول طبعی کے لحاظ سے ناممکن ہے۔ "ہر لالۂ پژمردہ نخواہد بشگفت۔"

لیکن افسوس ہے کہ ہم جواں مرگ معارف کو جو تہذیب الاخلاق کا خلف صالح تھا، زندہ نہ رکھ سکے۔ معارف کی چار سالہ جلدوں کو دیکھئے، صرف یہ ہی نہیں کہ وہ یورپ کے اچھے سے اچھے علمی پرچوں سے برا نہیں، "اصحاب المعارف" نے جس طرح داد تحقیق دی ہے اور عربی و ٹرکی لٹریچر کے اجزاء جس شائستگی اور قابلیت کے ساتھ اردو میں لئے گئے ہیں، لکھنے والوں کا خاص حصہ ہے۔ میرا خیال ہے موجودہ رفتار دماغی کے ساتھ ہم مدتوں اس قابل نہیں ہوں گے کہ اس قسم کے مضامین کی وقعت کا کوئی صحیح اندازہ کر سکیں۔ لائق لکھنے والوں نے علی گڈھ کی نئی پیداوار کی طرح کوئی "زبان غیر" نہیں لکھی ہے بلکہ جس وسیع تمدن کا خاکہ کھینچا گیا

ہے، معلوم ہوتا ہے کہ اس کی اصلی زبان معارف کی زبان تھی۔

لیکن ان مخصوص اوصاف کے ساتھ بھی نتیجہ کیا ہوا، دو سافل تک یہ پرچہ ایک رئیس کی سرپرستی میں رئیسانہ حیثیت سے نکلا، نفس مضامین، کاغذ، تقطیع، غرض پرچہ کے تمام اجزائے ترکیبی "کلاسیکل" تھے، دو سال کے بعد اس نے صورت بدلی، اقامت بدلی، آخر آخر اس کی ہیئت ظاہری لکھنؤ کے بازاری پرچوں سے کچھ ہی اچھی تھی، محلوں کا رہنے والا جھونپڑے میں کیا پنپتا، پانی پت کی مٹی تھی ٹھکانے لگی، مولوی وحید الدین سلیم کو اپنے طبع زاد نونہال کا سسک سسک کر جان دینا آج تک یاد ہو گا، بہر حال اس لٹریری حادثہ کا ذمہ دار کون ہے؟ یقینی مسلمان! لیکن چھوٹی امت نہیں بلکہ کچھ وہی رواداری لوگ جو اپر انڈیا کے طبقہ اعلیٰ میں ہیں اور زیادہ تر "ینگ علی گڈھ" پارٹی، جس کی زندگی میں صحیح مذاق علمی کا اس وقت پتہ نہیں۔

"البشیر" مسلمانان ہندوستان کو بحیثیت ایک "فارن" قوم کے دیکھنا چاہتا ہے، لیکن یہ خیال قہقہہ کے لائق ہے۔ قومیت یعنی "نیشنلٹی" کے جتنے لوازم ہیں، میرا خیال ہے یہاں کبھی حاصل نہیں ہوں گے۔ اس لئے مجموعی ترقی کے لئے متعدد صدیاں بھی کافی نہیں، زیادہ سے زیادہ یہ ہو سکتا ہے کہ چند منتخب افراد کو کسی ایک مرکز خیال کا محیط بنایا جائے اور یہی لوگ میرے مخاطب صحیح ہیں جن کی غذائے دماغی کے لئے ضرورت تھی کہ کانفرنس "معارف" کو متبنیٰ کر لیتی بولایت "وحید الدین سلیم" اور "رشید احمد سالم" جن کے قلم کے سایہ میں یہ ہونہار معصوم پھولتا پھلتا، لیکن میں بھولا، کانفرنس ایک عملی اور کاروباری جماعت ہے یا کم سے کم ہونا

چاہتی ہے اور اس لحاظ سے اس کا وجود جدت سے خالی نہیں کہ یہ علم سے پہلے عمل چاہتی ہے، جس کی طرف بہ زعم خود اسی نے مفید پیش قدمیاں کی ہیں۔

"لٹریری" حیثیت سے یہ اتنی گری ہوئی ہے کہ امید نہیں کوئی علمی تحریک اس کی تعمیلات کے "فائل" میں داخل ہو سکے۔ شواہد لیجئے، رپورٹیں وقت پر نہیں شائع ہوتیں، جو نکلتی ہیں، وہ بھی "لارڈ کرزن' کے ضوابط اختصار کے زیر اثر، جس کا نتیجہ یہ ہے کہ مہینوں کے انتظار کے بعد بھی پڑھنے کو قریب قریب کچھ نہیں ملتا۔

"اسپیچیں" عموماً زبانی ہوتی ہیں اور یہ امر بولنے والے کے رحم پر چھوڑ دیا جاتا ہے کہ اظہار فصاحت کے بعد وہ پھر کبھی ضبط تحریر میں لائی جائیں، جو بہت زیادہ نمودئے ہیں، ان کا استغنا اس قدر بڑھا ہوا ہے کہ آزادی خیال سرے سے قید تحریر پسند نہیں کرتی، مختصر یہ کہ رپورٹ اتنی مفصل اور دلچسپ نہیں ہوتی، جس کی امید ایک ایسی "ہیئت الاجتماعیہ" (سوسائٹی) سے ہو سکتی تھی جو کڑوروں مسلمانوں کی پیشوائے علمی ہو، شائقین کانفرنس میں ایسوں کی تعداد کم نہیں ہے، جن کو شرکت کا موقع نہیں ملتا، اور وہ صرف اس خیال سے ممبر ہوتے ہیں کہ سال کے سال مکمل رپورٹ ان کے ہاتھوں میں ہو اور وہ تعلیم یافتہ حضرات کے خیالات یعنی اردو لٹریچر کے بہتر سے بہتر نمونے سے گھر بیٹھے لطف اٹھا سکیں، یہ توقع کہاں تک پوری ہوتی ہے، میں بانیان کانفرنس کے سلیقۂ احساس پر چھوڑتا ہوں۔

بولنے والوں میں صرف ایک شخص ہے جو اپنے دماغی نتائج کی حفاظت کرتا ہے اور تاجرانہ پالیسی کو بھی نظر انداز نہیں ہونے دیتا، یعنی علامہ نذیر احمد۔ یہ کانفرنس کے سامنے پکی پکائی ہنڈیا پیش کرتے ہیں، کچی رسوئی کے شائق نہیں اور اس

حیثیت سے ہم ان کے ممنون ہیں، لیکن ان کے پچھلے لکچر اس قدر پھیکے اور بدمزہ ہوئے ہیں کہ آج تک بے نمکی بھولی نہیں ہے۔ ایک پچھلے موقع پر انھوں نے جو کچھ کہا وہ ان کی اچھی خاصی "اٹوبیا گرفی" تھی جس میں ایک سانس میں وہ تمام ذاتی واقعات دہرائے گئے تھے، جن کی تفصیل سے متعدد موقعوں پر جستہ جستہ یہ اور لکچروں میں بھی بالکل نہیں چوکے۔ مشرقی شاعر اسے قند مکرر کہے گا، مگر چچوڑی ہوئی ہڈیاں بار بار منھ میں ناگوار سا ہوتا ہے۔

ان کی گھبراہٹ سے معلوم ہوتا ہے جیسے ان کو مایوسی ہو کہ ان کے بعد ان کے واقعات زندگی کا سمیٹنے والا کوئی نہیں ہوگا، لکچر کا زیادہ تر حصہ وہی فوائد قرآنی کے متعلق ہوتا ہے جو ان کے ترجمہ کے ساتھ مخصوص ہیں اور جن کی الہامی تکمیل ان کی ہستی کی علت غائی ہے، مختصر یہ کہ بعض فاضلوں کی قوت کا بہترین استعمال نہیں ہوتا، یعنی ملک کے اچھے لکھنے والوں کو خاص سبجیکٹ نہیں دیے جاتے، نہ علمی مضامین کے لئے کسی قسم کے معاوضہ کی ضرورت سمجھی جاتی ہے۔

سر سید کے بعد اردو لٹریچر کی جان کے لالے پڑ گئے ہیں اور میں نہیں جانتا کانفرنس نے بالذات یا بالوسائط کہاں تک ان حریفانہ کوششوں کی مقاومت کی ہے جو اس معصوم زبان کو صفحۂ ہستی سے معدوم کرنا چاہتی ہیں۔ ایک یادگار موقع پر نہایت گرم جوشی سے کہا گیا تھا کہ "اردو کا جنازہ ہم دھوم سے اٹھائیں گے۔" لیکن موجودہ سرد مہری اور بے التفاتی تو یہ کہہ رہی ہے کہ اگر سرپرستوں اور وارثوں کے یہی طور طریقے ہیں تو ایک دن طاعونی لاش کی طرح عالم کس مپرسی میں بیچاری چپ چپاتے پیوند خاک کر دی جائے گی، بہتیرے رو پیٹ کر بیٹھ رہیں گے، کچھ ایسے ہیں جو

مصلحت یعنی اپنی کمزوریوں کے لحاظ سے آنسو پی جائیں گے، بہر حال لٹریچر کی حیثیت سے کانفرنس بہیئت مجموعی اس کی مصداق ہو رہی ہے،

بہت شور سنتے تھے پہلو میں دل کا
جو چیرا تو اک قطرۂ خوں نکلا

اس لئے ہم کو بانیان کانفرنس اور علی گڈھ کی نئی پیداوار سے سر دست قطع نظر کر لینی چاہئے، کیونکہ یہ جس قدر ترقی کریں گے لکھنے پڑھنے کا مشغلہ چھوٹتا جائے گا اور ایک زمانہ آئے گا کہ علی گڈھ کی 'لٹریری ڈائری" بالکل سادی اور کوری ہو گی، اظہار خیال اور استنباط نتائج کے لئے صرف علم الاعداد کافی ہو گا۔

اب ہم کو یہ دیکھنا ہے کہ اور جگہ کیا ہو رہا ہے۔ علی گڈھ کے حریف کیمپ یعنی "ندوۃ العلماء" پر میں اس وقت کوئی تفصیلی نظر ڈالنا نہیں چاہتا، نہ مجھ کو اس سے بحث ہے کہ عربی لٹریچر کی تجدید جہاں تک آج کل کی ترقیات کے مؤثرات کا تعلق ہے، مذہب کی طرح اسباب شنویہ میں محسوب ہونے کے لائق ہے۔ ہاں یہ نہیں مانتا کہ علی گڈھ پارٹی "ندوۃ العلماء" کو رقابت کی نگاہ سے دیکھتی ہے، ممکن ہے بعض اسے بے وقت کی شہنائی سمجھتے ہوں، لیکن نئے خیال والوں کا حصہ غالب عربی کی تعلیم کو صرف "زبان ثانی" کی حیثیت سے پسند کرتا ہے، یعنی مغربی علوم کی تکمیل کے ساتھ ضمناً جس سے غالباً مقصود یہ ہو گا کہ "جامع ازہر" کی طرح قوم کا کوئی حصہ غیر ضروری اور متروک مشاغل کے لئے وقف نہ ہو جائے، اور جو کچھ ہو صرف مستشرقانہ حیثیت سے، جس میں قدیم لٹریچر کے باقیات الصالحات کی تجدید مقصود بالذات نہیں ہوتی، بلکہ کوئی اہم غایت ہے جس کے لئے کرم خوردہ اوراق کی الٹ

پھیر کی دردسری گوارا کی جاتی ہے۔

مختصر یہ کہ نیا گروہ ایک منٹ کے لئے بھی ان مسلمات سے علیحدہ ہونا نہیں چاہتا، جو ہماری موجودہ اور آئندہ زندگی کا طے شدہ عنوان ہیں، لیکن میں اس اضافی بحث سے علیحدہ ہوکر سردست "الندوہ" پر ایک نظر ڈالنا چاہتا ہوں جو واجب الادب علماء کا ایک ماہوار علمی رسالہ ہے اور جس کے ایڈیٹر یا روح رواں جو کچھ کہئے، "علامہ شبلی" ہیں۔ "الندوہ" سے جو کچھ دلچسپی ہے، اسی حیثیت سے، کیونکہ شبلی گو آج کل ہم سے ٹوٹ کر وقف اغیار ہو رہے ہیں، تاہم روابط سابقہ کی بنا پر یہ قطعاً ہماری چیز ہیں اور ہم برسوں کے گہرے تعلقات کے بعد ان سے دست بردار نہیں ہو سکتے، لیکن سچ یہ ہے کہ ان کی "جامعیت" نئے پرانے خیال والوں کی ملک مشترک ہے، اس لئے اس کی ضرورت نہیں کہ یہ کسی ایک کے ہو رہیں۔

پرچہ سے پہلے فاضل ایڈیٹر پر کچھ ریویو کرنا منظور ہے، مگر یہ اس قدر مشکل کام ہے کہ سمجھ میں نہیں آتا کہاں سے شروع کروں۔ اردو لٹریچر کے پیدا کرنے والے تھوڑے ہیں، ان میں بھی تھوڑے ہی ایسے ہیں جو آج کل کے وسیع معیار قابلیت کے لحاظ سے اہل قلم کی صف اول میں شامل ہونے کے لائق ہوں۔ سرسید سے قطع نظر کرنے کے بعد جن کو باستحقاق اولیت کا فخر حاصل ہے، میرا خیال ہے، شبلی بلحاظ فن صرف ہندوستان نہیں بلکہ تمام اسلامی دنیا میں کسی سے دوسرے درجہ پر نہیں ہیں، اس کو میری قاصر النظری یا علمی فرومایگی پر نہ محمول کیجئے۔ فلسفۂ تاریخ جو آج کل تمام علوم میں سرفہرست ہے ایک مستقل فن ہو گیا ہے اور اس قدر اہم ہے کہ دنیا کے بڑے بڑے فاضل مؤرخانہ موشگافیوں کو بہترین مشغلہ ہستی سمجھتے ہیں،

مصری اور ٹرکی لٹریچر میں تاریخی مذاق جس حد تک موجود ہے، میں اس سے بیگانہ نہیں ہوں۔

مجھ کو معلوم ہے کہ دونوں زبانیں خاص کر اول الذکر اس قدر مغربیت سے مانوس ہو گئی ہے کہ وہاں کے روشن خیال علماء مغربی طرز تحریر کی خصوصیات کے ساتھ عربی اور ترکی زبانوں میں نہایت شائستگی سے داد سخن دے رہے ہیں، لیکن جن مضامین پر ان کے ہاں منقولانہ اور معقولانہ سرگرمی سے طبع آزمائیاں ہو رہی ہیں، وہ شبلی کے ہاں دست فرسودہ اور مسائل ابتدائی ہیں جن کو فاضل مؤرخ کی سرسری جنبش قلم، مدت ہوئی ایک سے زیادہ موقعوں پر طے کر چکی ہے۔

ملک کے لئے یہ کچھ کم فخر کی بات نہیں ہے کہ مصر کے مشہور رسالہ "الہلال" کا نامور ایڈیٹر علامہ "جرجی زیدان" اپنی تاریخ "تمدن اسلام" میں جو متعدد جلدوں میں ختم ہو گی، علامہ شبلی کی تحقیقات سے بے نیاز نہ رہ سکا اور اس نے سنداً اقتباسات کئے۔ بہر حال ہم میں صرف شبلی ایسا شخص ہے جو بلحاظ جامعیت اور وسیع النظری مؤرخانہ تدقیق اور مذاق فن کی حیثیت سے آج یورپ کے بڑے سے بڑے مؤرخ سے پہلو بہ پہلو ہو سکتا ہے۔

یورپ کو شکایت ہے کہ مسلمانوں میں متقدمین بلکہ متاخرین میں بھی کوئی شخص ایسا نہیں ہوا جسے صحیح معنوں میں اگر حفظ روایات سے قطع نظر کی جائے تو مؤرخ کہنا درست ہو، یعنی استقصائے روایات کے سلسلہ میں کسی نے اپنے ماخذوں کی چھان بین نہیں کی، نہ غیر مرتب مواد سے کسی دور اور کسی زمانہ میں ایسے نتائج حاصل کئے گئے جن میں طبیعت انسانی کے اقتضاء، زمانہ کی خصوصیتیں منسوب الیہ

کے حالات اور دیگر قرائن عقلی سے مدد لی گئی ہو۔

ابن خلدون کا نام بار بار لیا جاتا ہے جس نے تاریخ پر فلسفہ کا رنگ چڑھانا چاہا مگر خود اس کی تاریخ بتاتی ہے کہ اس کے خیالات قوت سے فعل میں نہ آسکے، یہ بالکل صحیح ہے، لیکن آج ہم بیسویں صدی کے ایک فاضل مؤرخ کو پیش کرتے ہیں جس کا دائرۂ معلومات اس قدر وسیع ہے کہ وہ اپنے سلسلۂ تحقیقات میں صدیوں کی فروگذاشت کی تلافی کرتا جاتا ہے اور اگر وقت نے مساعدت کی اور اس کا تخیل پورا ہوسکا تو تاریخ اسلامی کے مہمات مسائل ایک ایک کرکے طے کر دئے جائیں گے۔

کہا جاتا ہے کہ دلی اور لکھنؤ کے گوشوں میں اب بھی بہتیرے علماء پڑے ہیں۔ ممکن ہے! لیکن کسی شخص کا دماغ دوسروں کے علوم وفنون سے بھرا ہو مگر اس میں خود تحقیق یا اختراع کا مادہ نہ ہو تو ایک بیکار سی چیز ہے، اس لئے ایک حکیم کے خیال کے مطابق اصلی قابلیت صرف وہ وسائل یعنی طریقۂ استعمال ہے جس سے مواد گذشتہ کارآمد بنایا جاسکے، یہی تصرفات ہیں جن کی بنا پر ایک ادیب یا مؤرخ کو لائق سے لائق شخص پر جو صرف جامع اللغات ہو، ترجیح حاصل ہے، ورنہ ظاہر ہے کہ نرے الفاظ مؤخر الذکر کے ہاں کچھ زیادہ ہی ہوتے ہیں۔

انسانی احساسات وخیالات اور تحقیقات واختراعات کی مسلسل تاریخ ہمارے سامنے موجود ہے اور کارلائل کہتا ہے کہ جس شخص کو چھپے ہوئے حروف تہجی کا راز معلوم ہے، وہ اسے قوت آخذہ سے اپنا کر سکتا ہے، صرف صدائے اصلی کی تلاش کا ذوق صحیح ہونا چاہئے، ہاں شبلی، فاضل شبلی نقوش حرفی کا رازدار ہے، اس نے اپنے ماخذوں کی چھان بین میں صرف صدائے اصلی سے غرض رکھی اور اپنے وسیع

سلسلۂ تحقیقات میں زبردست قوت استقرائی کے ساتھ اسباب ونتائج کی تفریعات فلسفیانہ سے آج کل کے ترقی یافتہ مذاق کے مطابق اس طرح کام لیا جس سے اس کی آواز بازگشت تمام ملک میں گونج اٹھی اور ہندوستان کے علمی قلمرو میں ایک نیا تاریخی دور شروع ہو گیا۔

مختصر یہ کہ آج کل کے مصنفین میں علامہ شبلی کو ایک خاص امتیاز فوقیت حاصل ہے جو ان کے اور ہم عصروں کے حصہ میں نہیں آیا، ان کے سخت سے سخت حریف مقابل بھی ان کی تحقیقات کی گرد کو نہیں پہونچتے۔ بعضوں نے موضوع سخن ایسا اختیار کیا ہے کہ اگر زمانہ کی رفتار یہی رہی تو زیادہ جیتے معلوم نہیں ہوتے۔ نذیر احمد اپنی لائق رشک عربیت کے ساتھ بھی کچھ یوں ہی سے رہے، یادش بخیر! حالی نے مسدس کے ساتھ مقدمہ شاعری اور حیات جاوید لکھ کر اپنا ٹھکانہ کر لیا، لیکن شبلی قطعاً غیر فانی ہیں، آج ہزاروں صفحے متعدد جلدوں میں ان کے قلم سے نکل چکے ہیں اور جس موضوع پر جو کچھ لکھا گیا ہے کسی زبان میں اس سے بہتر مجموعۂ خیال موجود نہیں۔

میں نہیں جانتا اس سے زیادہ ہماری توقعات کیا ہو سکتی ہیں اور چونکہ سلسلۂ تصنیف باوصف موانع باقاعدہ طور پر جاری ہے، امید ہے ان کی تالیفات موعود استادانہ حیثیت سے آئندہ بھی ملک کو دماغی اور ادبی سبق دیتی رہیں گی۔

افسوس ہے کہ سلسلۂ آصفیہ ان کی جامعیت سے پورا فائدہ نہ اٹھا سکا، نہ ان کی مخفی قوتوں کو کافی تحریک دی گئی۔ دائرۃ التالیف کا پراسپکٹس مجھے ہمیشہ یاد رہے گا جس کی تکمیل تاریخ اسلامی کے ان عناصر پر جو آج تک سر بمہر رہے ہیں، بہت کچھ روشنی ڈالتی اور ہم متقدمین کی سادہ اور بسیط سلسلۂ روایات کے ساتھ یورپ کی نکتہ

سنجیوں سے بھی بے نیاز ہو جاتے، لیکن میں خوش ہوں کہ الندوہ نے جو اس تحریر کا موضوع اصلی ہے، گزشتہ نقصان کی تلافی کر دی ہے۔ میرا ہمیشہ سے خیال ہے کہ منتشر معلومات کا بہت بڑا حصہ ایسا ہوتا ہے جس کے اجزا کسی مستقل تصنیف کے تحت میں نہیں آسکتے، اور ان کے لئے مؤقت الشیوع پرچوں کی ضرورت ہے۔ جن صاحبوں نے رسائل شبلی کو استفادتاً دیکھا ہے وہ بہت خوش ہوں گے کہ مضامین شبلی کا ایک ضخیم مجموعہ لائق حصول ہے۔

یعنی الندوہ کو جاری ہوئے دوسرا سال ہے، ۱۸ پرچے شائع ہو چکے ہیں جن کے تخمیناً چھ سو صفحے ہوتے ہیں اور یہ قریب قریب سب علامہ شبلی کے قلم کے سایہ میں ہیں، جن میں نہایت بلند پایہ ارجنیل مضامین پر طبع آزمائی کی گئی ہے یعنی علوم قدیمہ و جدیدہ کا موازنہ، عربی زبان کی نادر الوجود کتابوں پر تقریظ و تنقید، اکابر سلف کی سوانح عمریاں، ان کے اجتہادات سے بحث وغیرہ وغیرہ۔ غرض ایک علمی رسالہ کا اونچے سے اونچا تخیل جو ہو سکتا ہے، پیش نظر رکھا گیا ہے۔ آج کل کے رائج الوقت طالب العلمانہ رسالوں کی طرح ناقص لٹریچر میں دویم درجہ کی معلومات سے مقررہ صفحے نہیں بھرے گئے ہیں بلکہ جو کچھ ہے تاریخی لٹریچر کا اعلیٰ سے اعلیٰ نمونہ ہے۔

مثلاً میں صرف فلسفۂ یونان و اسلام کو لیتا ہوں جو نہایت معرکۃ الآرا مضمون ہے اور کئی نمبروں میں ختم ہو گا۔ آج ملک میں شبلی کے سوا کون ہے جو اس وسیع اور دقیق مضمون پر قلم آزمائی کی جرأت کر سکے، نہ جاننا بھی مزے کی چیز ہے، اس لئے بعضوں کی سمجھ میں یہ بات نہیں آئے گی، لیکن ہندوستان کیا اور ممالک میں بھی دو چار سے زیادہ نہیں ہیں جو مذاق موجودہ کے مطابق مسائل قدیمہ کے طے

کرنے کی پوری صلاحیت رکھتے ہوں۔ شبلی ہم میں پہلا شخص ہے جس نے مذہب کے ساتھ تاریخ و فلسفہ میں ربط باہمی پیدا کیا اور ان جواہر عقلی کی تحلیل و ترکیب کیمیائی اس طرح کی کہ لٹریچر میں ایک خاص امتزاج پیدا ہو گیا، جس کے آثار ان کے مستقل تاریخی سرمایہ کے علاوہ "الندوہ" میں کثرت سے ملیں گے۔

عموماً عنوان ایسے ہوتے ہیں جن کو اس سے پہلے اوروں کے قلم نے اس طرح کبھی مَس نہیں کیا، کس کس کو گناؤں، پوری تفصیل کا یہ موقع نہیں، جس طرح رسائل اخوان الصفا ہمارے گذشتہ ارتقاء عقلی کی لٹریری یادگار ہیں، میرا خیال ہے، یہ پرچہ آئندہ نسلوں کے لئے ندوۃ العلماء کے عملی کارناموں کا ایک جامع گوشوارہ ہو گا۔

جن صاحبوں کو میری طرح شبلی کے دل و دماغ کے نتائج سے تعلق رہا ہے، وہ ان مضامین میں ایک خاص بات اور دیکھیں گے یعنی طرز ادا (اسٹائل) اس قدر اچھوتا اور "صاف وشفاف" ہے کہ بڑے سے بڑا فصیح البیان بھی اس قسم کے دقیق مسائل کو ایسی برجستگی اور لطافت کے ساتھ ادا نہیں کر سکتا، اور گو فصاحت ان کی تمام تالیفات کا قدرتی خاصہ ہے، جس میں اہتمام کو دخل نہیں، تاہم بہ حیثیت یعنی قادر الکلامی کے ساتھ حسن بیان مضامین متذکرہ میں بہت ہی زیادہ نمایاں معلوم ہوتی ہے۔

غالبؔ زندہ ہوتے تو شبلی کو اپنی "اردوئے خاصہ" کی داد ملتی جس نے ایک نوخیز بازاری یعنی کل کی چھوکری کو جس پر انگلیاں اٹھتی تھیں، آج اس لائق کر دیا کہ وہ اپنی بڑی بوڑھیوں اور ثقہ بہنوں یعنی دنیا کی علمی زبانوں سے آنکھیں ملا سکتی ہے،

جوانیوں پر آئی ہوئی نچلی نہیں بیٹھ سکتی تھی، مدتوں شعراء سے گاڑھا اتحاد رہا، بہ اقتضائے سن بری طرح کھل کھیلی، ہاتھ پاؤں نکالے، اور بہتیرے بنائے بگاڑے، کیونکہ ایک زمانہ شیدائی تھا، لیکن یہ باتوں ہی میں سب کو ٹالتی رہی، بعض جگہ بے آبروئی کے سامان ہو ہو کر رہ گئے اور بال بال بچی، آخر آخر میں ملک کے منچلے یعنی ناول تو یہاں تک ہاتھ دھو کر پیچھے پڑے کہ اس کی پردہ دری میں کچھ اٹھا نہیں رکھا تھا، کبھی کبھی دبی زبان سے اسے یہ کہتے سنا، "اری اٹھ جاؤں گی میں صحنک سے۔"

لیکن دفعتاً اس کی حالت نے پلٹا کھایا، کثرت فواحش باعث سنجیدگی ہو گئی، اچھے دن آتے ہیں تو بگڑی بن جاتی ہے، اب وہ مقدس علماء کی کنیزوں میں داخل ہے، لیکن سنا گیا خوش اوصاف شبلی سے زیادہ مانوس ہے اور قریب قریب ان ہی کے تصرف میں رہتی ہے، الندوہ اسی تعلق کا ایک ثمر پیش رس ہے۔

پہلے اس کی قیمت للعہ ر مقرر کی گئی، اب صرف دو روپیہ سالانہ رکھے گئے ہیں، میرے خیال میں کوئی وقیع علمی پرچہ تمام دنیا میں اس سے زیادہ سستا نہیں ہو سکتا، خاص کر جب چھپائی، کاغذ، اچھے سے اچھا ہو، نفیس پسند ایڈیٹر ان لوگوں میں ہیں جو حسن سیرت کے ساتھ صورت کی بھی اچھی چاہتے ہیں، یہ اصول ممدوح کی تمام تصنیفات میں عموماً ملحوظ رہتا ہے، اور کوئی کتاب کسی بھونڈے پریس کو نہیں دی جاتی، ان اوصاف کے ساتھ یہ پرچہ گویا مفت ہے، لیکن علمائے موجودہ کے دور آخری کی یادگار کی بقا اگر منظور ہے تو اس نونہال کو ہاتھوں ہاتھ لینا ہوگا یعنی کمی قیمت کی تلافی اگر ہو سکتی ہے تو کثرت اشاعت سے اور اس کی چلتی ہوئی تدبیر یہ ہے کہ ہر خریدار کم سے کم ایک ایک نام اور بڑھائے، ورنہ خوف ہے کہ ایک دن اس کو بھی روتے رہ جائیں

گے۔ بیشک یہ دنیا کا کوئی غیر معمولی واقعہ نہیں ہوگا، پرچے آئندہ بھی جاری ہوں گے، لیکن شبلی یعنی ہندوستان میں تاریخ کا معلم اول پھر کہاں!

دنیا کے نہایت گہرے تعلقات بھی راہ چلتے کی صاحب سلامت ہیں، سر سید چلے گئے، دو چار رفیق کہیں کہیں رہ گئے ہیں، ایک ایک کر کے ہم سے رخصت ہو جائیں گے، اچھا! تو بڑے سے بڑا فلسفۂ زندگی یہ ہے کہ وقت موجودہ سے جہاں تک ممکن ہے، استفادہ کا کوئی پہلو رہ نہ جائے۔ اس لئے چلتے چلاتے جو کچھ ان کے دماغوں کی تحویل میں بچا کچھا رہ گیا ہے، وہ تو نکلوا لیجئے، ورنہ یاد رہے گوروں کی اردو سنی ہے، چلئے علی گڈھ کالج میں سنواؤں۔ دو راز حال بس یہ قطع ہو جائے گی، غالب کی اردو فارسی بندشوں کی افراط کے ساتھ جیسی ہوتی تھی یہی حالت آج کل مخلوط اردو کی انگریزی الفاظ کے ثقل آمیزش سے ہو رہی ہے، لیکن امید ہے، الندوہ ملکی لٹریچر کو ان آلائشوں سے صاف ستھرا کر کے رہے گا۔

کیا اچھا تھا اگر اس کا نام "الجامع" ہوتا، تب بھی ندوہ ہی کا پرچہ رہتا، موجودہ نام آپ ہی آپ کچھ کھٹکتا ہے اور غیر ضروری سنجیدگی کے ساتھ ایک ساکن اور غیر متحرک شئے خیال میں آتی ہے، شگفتگی نام کو بھی نہیں، لیکن "الندوہ" ایک ایسی قائم المزاج جماعت کا پرچہ ہے کہ میری طفلانہ تحریک شاید ہی کسی مفید تغیر کی طرف مائل کر سکے، تاہم یہ کہنے سے باز نہیں رہ سکتا کہ شبلی کے تعلق سے تو "الجامع" ہی موزوں تھا۔

***

۱۲

آدھ گھنٹہ علامہ شبلی کے ساتھ

فاضل عصر پروفیسر کی تالیف جدید یعنی مولانا رومؒ کی لائف، جس کے لئے مدت سے آنکھیں فرش راہ تھیں، گھونگھٹ سے باہر آئی اور اس طرح کہ،
"عروس جمیل ولباس حریر۔"

یورپ میں جہاں مذاق حسن پرستی، یعنی ایک طرح کے تناسب اجزا کی رعایت قریب قریب ہر شخص کا خمیر ہو رہی ہے۔ جہاں شائقین کی نگاہیں کہربائی روشنی میں جیتی جاگتی، "زہرہ ہائے شب" کے مقیاس الشباب اور اس کے برہنہ حصہ افقی کے جائزہ کے لئے وقف رہتی ہیں، ایک سنجیدہ طبقہ ایسا بھی ہے جو کتابوں کو علمی حرم کی حیثیت سے دیکھتا ہے اور ان کا دلدادہ ہے۔ اس کے خیال میں کسی کتب خانہ کا ایک گوشہ جہاں اس کی منظور نظر نازنینوں کا جھرمٹ ہو، اور جو ہمیشہ اس کی فرصت اور مرضی کی منتظر رہتی ہوں، اس شاہی محل سے کہیں بڑھ کر ہے جس کے لوازم عیش صرف دور سے دیکھنے کی چیز ہیں۔

بہرحال ایک ایسا گروہ موجود ہے جو علمی دنیا میں درجہ استغراق رکھتا ہے اور زمانہ کے سرد و گرم سے قطعاً بے پروا ہے۔ اس کا دائرہ مخصوص خود ایک دنیا ہے

جہاں ایسے سامانوں کی کمی نہیں جن سے قوت احساس ہر طرح کی لذت و انبساط حاصل کرتی رہتی ہے، اسی طبقہ میں کچھ لوگ ایسے ہیں جن کی نفاست اس حد تک بڑھی ہوئی ہے کہ وہ معمولی مطبوعات کو پسند نہیں کرتے اور چیدہ چیدہ کتابوں کے خاص خاص ایڈیشن چھپوائے جاتے ہیں۔ حال میں 'رباعیات عمر خیام' کا ایک ایڈیشن اسی اصول پر ایک جماعت محدود یعنی صرف دو سو صاحبوں کے لئے چھاپا گیا ہے، جس کی اشاعت صرف ممبروں تک محدود ہے اور جس کا ایک قیمتی نسخہ خوش نصیبی سے آج کل میرے مطالعہ میں ہے۔

ہندوستان میں اس قسم کے معزز شواہد کی اولیت کا فخر صرف 'نامی پریس' کانپور کو حاصل ہے۔ جس کا ذکر ایک دفعہ آچکا ہے، اسی طرح طبقہ اعلیٰ کے مصنفین میں علامہ شبلی کی تصنیفات کو یہ امتیاز حاصل ہے کہ ان کا بہتر سے بہتر ایڈیشن جو کسی نفیس پسند کے خیال میں آسکتا ہے، اکثر لائق حصول ہوتا ہے۔ موجودہ کتاب کی جلد خاصہ میرے دعویٰ کے ثبوت میں ہے اور میرا خیال ہے ملک میں آج تک اس سے بہتر ایڈیشن کسی کتاب کا شائع نہیں ہوا۔ قاعدہ ہے لفافہ اچھا ہے تو ملفوف کو اس سے کہیں زیادہ اچھا ہونا چاہئے۔ اور گو میں اس وقت جو کچھ کہنا چاہتا ہوں وہ صرف تازہ وارد یعنی 'تقریظ مثنوی' کے خیر مقدم کی حیثیت سے ایک فوری جوش کا اظہار ہوگا۔ تنقید یعنی مولانا رومؒ کے ساتھ علامہ شبلی پر قلم اٹھانا فرصت ولیاقت کا کام ہے جسے ملک کے فاضل تر اصحاب کے لئے چھوڑتا ہوں، اس میں میرا پردہ رہا جاتا ہے اور ساتھ ہی سرسری طور پر کچھ نہ کچھ کہہ جاؤں گا جس میں ذمہ داری ہاتھ دھو کر پیچھے نہیں پڑے گی۔

"سوانح روم" علامہ شبلی کی تالیفات میں (بشمول دیوان فارسی) سلسلہ میں دسویں جلد ہے۔ موضوع سخن اوراس لحاظ سے کہ انہوں نے اپنے ملکہ راسخہ یعنی فطری قوت تصنیف سے آج تک وہی کام لیا جو ان کے دل و دماغ کا اچھے سے اچھا مصرف ہو سکتا تھا۔ ملک کے مصنفین میں یہ سر فہرست تو تھے ہی، میں دیکھتا ہوں اب بہت آگے نکل جاتے ہیں۔ انہوں نے فلسفہ تاریخ کو اس لحاظ سے کہ وقت کی چیز ہے، اپنا خاص فن قرار دیا اور ترتیباً جس پیمانہ پر یہ اظہار خیال کرتے رہے وہ ایک منحرف بھی تسلیم کرے گا کہ ان کی قوتوں کا صحیح سے صحیح استعمال تھا، جو خیال میں آسکتا ہے۔ ملک کے اچھے لکھنے والوں میں بعض ایک طرح کے دھوبی ہیں یعنی وہ فرمائش سے کچھ نہیں کرتے۔ اچھی سے اچھی تجویز پیش کیجئے لیکن اس لئے لائق التفات نہیں ہو گی کہ وہ ان کے صاف و شفاف دماغ کی گونج نہیں ہے، تاہم وقت آگے چل کر بتائے گا کہ جن دماغوں میں اقتضائے وقت کی غایت اور صحیح قوت فیصلہ نہیں ہے، ان کے نتائج فکر ایک طرح کی وقتی اور خود رو پیداوار ہیں جن کی شادابی صرف ایک موسمی چیز ہے۔

لیکن علامہ شبلی سے ہم کو اس قسم کی شکایت نہیں۔ یہ خود بلا بار تہدید فرمائش جو کچھ کرتے رہتے ہیں وہ ہماری توقعات اور استحقاق سے کہیں زیادہ ہے ان کی مستقل تصنیفات جن کی تعداد اوپر بتائی گئی ۱۳۔۷ ۲ صفحات پر پھیلی ہوئی ہیں۔ حالتو ل کا موازنہ آج کل کے عوائد الرسمیہ (ایٹی کٹ) کے مطابق خلاف شائستگی سمجھا جاتا ہے، تاہم یہ تنقید ایک ضروری عنصر ہے لیکن میں اس وقت ان کو ان کے دائرہ کے دوسرے خلاقین نسخے سے ٹکرانا نہیں چاہتا، صرف یہ دکھانا چاہتا ہوں کہ جس

طرح یہ اپنے حلقہ میں غالباً سب سے کم عمر مصنف ہیں، ادبی حیثیت سے یہ نسبتاً اتنے بڑھے ہوئے ہیں۔ اس دماغی فوقیت کا راز صرف یہ ہے کہ خوش نصیب شبلی نے اپنی ذہنی اور اکتسابی قوتوں کی رعایت سے جو وسیع موضوع بحث اختیار کیا وہ بلا استثناء اوروں کے دسترس سے باہر تھا، اس سے زیادہ وہ موزونیت لائق رشک ہے جو قواماً ان کے ہر حصہ تصنیف کا ایک خاصہ ہوتی ہے۔

اسلامی تاریخ، فلسفہ اور عقائد کے متعلق جس قدر مواد یہ یکجا کر سکے، قدیم تاریخ کا گویا نچوڑ ہے، جس سے ایک حد تک تاریخ عربی لٹریچر کی ترتیب ممکن ہے۔ اسلامی تاریخ کے متعلق ایک زمانہ میں یورپ نے جس قدر متعصبانہ رائے قائم کی تھی اب رفتہ رفتہ وہ ان سے دستبردار ہوتا جاتا ہے۔ موجودہ دور میں جو ہر قسم کی دماغی ترقیات کا دور ہے، واقعات کا ایک خاص معیار صداقت قائم ہو گیا ہے۔ ہر واقعہ کی جانچ اجتماعی، اخلاقی، سیاسی حیثیت سے کی جاتی ہے، چنانچہ یورپ کے علمائے مشرقین کی توجہ سے جدید سلسلہ اکتشافات میں اسلام کے متعلق ایک نیا لٹریچر پیدا ہو گیا ہے جس میں ہمدردانہ التفات کے ساتھ ایک طرح کی سنجیدگی اور بلند نظری پائی جاتی ہے، تاہم ان علماء کے خیالات بیشتر حصہ نظر ثانی چاہتا ہے۔

میں مثالاً محققین یورپ کے سر خیل یعنی "وان کریمر" کا ذکر کروں گا جس نے ایک رسالہ مختصر الموضوع میں یہ دکھایا ہے کہ اسلام اپنی ترکیب وساخت کے لئے کن کن مذاہب کا ممنون ہے۔ ناظرین عنقریب مفصل اقتباسات دیکھیں گے جس سے اندازہ ہو سکے گا کہ فاضل مورخ نے عمداً استخراج نتائج میں کہاں تک بے پروائی سے کام لیا ہے۔ بہر حال باوصف اس حسن ظن کے جو آج کل کی جماعت

مستشرقین کی طرف سے پیدا ہوتا جاتا ہے، اس قسم کی مثالیں کم نہیں ہیں جن میں مغربی علماء کی اجتہادی لغزشیں اب بھی محسوس ہوتی ہیں۔

لیکن پروفیسر شبلی نے جیسا کہ پہلے کسی موقع پر دکھایا گیا ہے ہم کو غیروں سے قریب قریب بے نیاز کر دیا ہے۔ یہ جس طرح قدیم تاریخ ولٹریچر کے جامع ہیں، آج کل کے فلسفیانہ انتقادات اور نکتہ سنجیوں سے آشنا ہی نہیں بلکہ یہ مذاق ان میں اس قدر رچا ہوا ہے کہ ان کے طے کردہ مسائل جو دنیا کے سامنے پیش کئے گئے ہیں، اس حد تک کامل ہیں کہ میرا خیال ہے زمانہ آئندہ بلکہ بعید آئندہ میں بھی غالباً ان پر کوئی معتدبہ اضافہ نہ ہو سکے گا۔ اسی طرح ان کے اجتہادات کا (جن کو تاریخی الہامات کہنا زیادہ تر موزوں ہو گا) کوئی حصہ صدیوں بعد بھی متروک ہونے کے لائق نہیں ہو گا۔ اس سے زیاہ شبلی کے غیر فانی ہونے کا ثبوت کیا ہو گا؟

یہ لکھ رہا ہوں اور میری نظر ان کی بہترین تالیف یعنی الکلام کے دونوں حصوں پر ہے اور میں بلاخوف تردید یہ کہنا چاہتا ہوں کہ اگر موجودہ نسل کے لئے دماغی اور عقلی ترقی کے ساتھ اخلاقی تکمیل کی بھی ضرورت ہے تو ہم کو "الکلام" کے ہوتے کسی کتاب کی، جو حضرات جدید علم کلام کی ضرورت کا احساس رکھتے ہیں، وہ دیکھیں گے کہ فاضل پروفیسر نے ایک طرف تو بڑے میاں یعنی مذہب کی پگڑی نہیں اتاری اور ساتھ ہی یورپ کے نوخیز چلتے پرزوں یعنی فلسفہ اور سائنس کے سامنے تیرہ سوبرس کے بوڑھے سے ہاتھ نہیں جڑوائے بلکہ دونوں میں مصافحہ کرا دیا۔

یہ معتدل روش جو اس علمی نزاع میں اختیار کی گئی ہے، وہ شبلی ہی کا حصہ تھا جو نئے پرانے خیال والوں کے متفق علیہ پیشوائے علمی ہیں۔ ان کی ثقاہت نے جہاں مذہب کی حق تلفی نہیں ہونے دی، سائنس و فلسفہ کی مغائرت بھی دور کر دی اور ان کو مذہب کا دست و بازو بنا دیا۔ آئندہ زمانہ میں جب ہماری عقلی ترقیات کا شباب ہو گا، شبلی کو اپنے مساعی جمیلہ کی پوری داد ملے گی۔ تاہم آج کل کا تعلیم یافتہ طبقہ جو عموماً مذہب سے بے پرواہو رہا ہے، مذہب فطری یعنی حکیمانہ اسلام سے دستبردار نہ ہو سکے گا۔ معقول و منقول کی تطبیق کی غایت اس کے سوااور کیا ہو سکتی ہے جو شبلی کی دردسری کا بجائے خود ایک قیمتی صلہ ہے۔

خدا جانے میں رو میں کہاں سے کہاں نکل گیا لیکن یہ قصور انشا پردازی نہیں ہے، بلکہ پروفیسر شبلی اس کے ذمہ دار ہیں۔ ناممکن ہے کہ ان کی ذات کے ساتھ ان کی صفات غالب یعنی جزئیات متعلق سامنے نہ آجائیں۔ اس لئے ان بے ربط خیالات کا اعادہ کچھ ناگزیر سا تھا۔ مختصر یہ کہ جہاں ان کی مؤرخانہ عظمت قطعی الثبوت ہے، ایک خاص امر جس کی طرف ناظرین کو اس وقت متوجہ کرنا منظور ہے، یہ ہے کہ "عربی کا یہ فاضل پروفیسر نہایت سخت عجمی ہے۔" توبہ! کیا کہہ گیا؟ ہاں تو یہ وصف اضافی ان کی عربیت میں اس قدر دب دبا گیا ہے کہ بہتیروں کو یہ بات معلوم نہیں ہو گی کہ دنیا کی سب سے شیریں زبان یعنی فارسی شبلی کی خاص زبان ہے۔ ان کو جس حد تک صحیح مذاق سخن ہے اس کا اندازہ وہی لوگ کر سکتے ہیں جو خود اہل زبان ہیں یا کم سے کم ذوق سلیم رکھتے ہیں۔

ہندیوں کی متعارف فارسی "بابو انگلش" کی طرح ایک بالکل جداگانہ چیز ہے جو

قریب قریب یہاں سے رخصت ہو چکی ہے اور جس سے میں یہاں کوئی غرض رکھنی نہیں چاہتا۔ میری غرض پروفیسر براؤن کی فارسی سے ہے جو اس قوم کی زندہ یادگار ہے جو بلحاظ گزشتہ عظمت و ترقیات دنیا کی قدیم متمدن اقوام میں خاص تاریخی وقعت رکھتی ہے۔ انگلستان مستشرقانہ مشاغل کے لحاظ سے یورپ کے اور ممالک سے بہت پیچھے ہے۔ تاہم وہاں ایک جماعت موجود ہے جو السنہ مشرقی میں اہل زبان کی سی مہارت رکھتی ہے۔ حال میں پروفیسر براؤن نے ادبی حیثیت سے "تاریخ العجم" لکھی ہے جس کی دو مبسوط اور ضخیم جلدیں اس وقت تک شائع ہو چکی ہیں۔ "دور اخمانیان" یعنی فارسی قدیم کے ساتھ اس نے "ساسانیوں" کے عہد کے لٹریچر یعنی زبان پہلوی کا پورا مرقع کھینچا ہے، جو تمام وکمال گویا "زرتشتی" لٹریچر ہے۔

اس نے نہایت قدیم کتبوں اور تاریخی اسناد سے اس عہد کی علمی معلومات بہم پہنچائی ہیں جس کی یادگار پارسیوں کا صحیفہ غیبی یعنی "اوستا" ہے۔ جس کی تفسیر پہلوی اور شرح الشرح "ژند باژند" ہیں۔ عجمیوں کی ایام جاہلیت کی تاریخ کے بعد جو نہایت عسیر الحصول ماخذوں سے مرتب کی گئی ہے۔ تیسرے دور میں فاتحین اسلام کے تصرفات یعنی عربی کی آمیزش نے زبان پر جو اثر ڈالا ہے، ان جزئیات کی تفصیل کے ساتھ ارتقائی حیثیت سے یہ دکھایا ہے کہ فارسی جدید کس طرح عالم وجود میں آئی، اسی طرح مسلمانوں کی مفصل دماغی تاریخ لکھی ہے اور اس کو متعدد دور میں تقسیم کیا ہے۔ جدت یہ ہے کہ ساتھ ہی ساتھ عجمی عنصر کو الگ کر کے دکھایا گیا ہے۔

پہلی مقدمہ کی حیثیت سے ہے، دوسری میں، جو ابھی شائع ہوئی ہے فردوسی سے لے کر سعدی کے وقت کی لٹریری سرگزشت ہے، جس میں مختلف عہد کے لٹریچر کے ساتھ لگے لپٹے واقعات پر بھی نظر ڈالی گئی ہے جو کسی حیثیت سے تاریخی وقعت رکھتی ہیں۔ پھیلاؤ غضب کا ہے، لکھنے والا سب کچھ سمیٹتا گیا ہے۔ لٹریچر کی تاریخ تو اس سے پہلے بھی لکھی گئی ہے لیکن مسلمانوں کی دماغی تاریخ پر قلم اٹھانا، ان اصلی ماخذوں کی چھان بین کے بعد، جو یورپ کی عظیم الشان لائبریریوں میں لائق حصول ہیں، پروفیسر براؤن کا حصہ تھا۔ یہ نمونہ جس کی نظیر انگریزی کے سوا مغربی لٹریچر میں بھی موجود نہیں ہے اپنی ندرت اور دلچسپی کے لحاظ سے ہر طرح پیروی کے لائق ہے۔ لیکن شبلی کے سوا آج ملک میں اسلامی لٹریچر کے متعلق کون اس قسم کی وسیع لٹریری تحقیقات کا ساتھ دے سکتا ہے؟

موجودہ دور میں پروفیسر آزاد کا نام نامی ہمیشہ عزت کے ساتھ یاد رکھنے کے لائق ہے۔ شبلی کے دائرہ میں یہ پہلے شخص ہیں جنھوں نے اپنی تحقیقات کی تکمیل ایران میں جاکر کی۔ ان کا ایک بے نظیر رسالہ سخندان پارس (شائع) ہو چکا ہے۔ لیکن نہایت افسوس ہے کہ دنیا آزاد کے سرمایہ زندگی یعنی جامع اللغات فارسی سے محروم رہ گئی۔ جس کی ترتیب ان کی عمر کا اصلی کارنامہ تھی۔ آزاد کی نکتہ آفرینیاں جن پر خود اہل ایران کو تعجب و رشک ہوتا تھا، تمام علمی دنیا کو حیرت میں ڈال دیتیں، لیکن ملک کی بدنصیبی ہے ایک زبردست ماہر السنہ جیتے جی ہمارے ہاتھ سے جاتا رہا۔ معلوم نہیں اس کے خزائن علمی کا ضروری حصہ اب کہاں تک لائق حصول ہے۔ اسی طرح تذکرۂ شعرائے فارسی میں خدا جانے فرمانروائے سخن نے کیا کچھ

لکھا ہو گا لیکن ان دونوں تالیفات کے متعلق کہیں سے کوئی آواز نہیں آئی۔ دارالاشاعت پنجاب نے ایک حد تک حق رفاقت ادا کیا لیکن اب مدت سے بالکل ساکت ہے۔

جس طرح فارسی کے صحیح ادبی مذاق کا بہت بڑا حصہ آزاد کو ملا تھا، شبلی پر مع شئے زائد اس کا خاتمہ ہو جائے گا۔ اس کے لئے کسی دلیل کی ضرورت نہیں۔ میں دیوان شبلی کو استشہاداً پیش کرنا چاہتا ہوں۔ شستہ، رفتہ کلام کی برجستگی اپنا مرتبہ آپ بتائے گی۔ صاف معلوم ہوتا ہے کہ سچے جذبات میں ڈوبا ہوا شاعر خالص اہل زبان ہے جس کو ہند کی ہوا تک نہیں لگی۔ اساتذہ کے ہزاروں اشعار کا نوک زبان اور روزمرہ اور محاورات کا ناخنوں میں ہونا اضافی امور ہیں۔ جن کو شبلی کی بلند پائگی کے ثبوت میں پیش کرنا ایک مبتدیانہ فعل ہو گا۔ ان کا اصلی فن کچھ اور ہے۔ "شعر العجم" جو آج کل یہ لکھ رہے ہیں، ان کے مذاق سخن کی اصلی جولان گاہ ہو گی جس میں فارسی شاعری کی محققانہ تاریخ اور فلسفہ شاعری کے دقیق رموز پر مفصل بحث ہو گی، جس سے معلوم ہو گا کہ فارسی شاعری کی ابتداء کیا حالت تھی، پھر اس نے کیا صورت اختیار کی، کیا کیا تغیرات اور اضافے ہوئے اور اب کس لباس میں جلوہ گر ہے۔

شاعری جیسا کہ عربوں کا خیال تھا صرف کلام موزوں نہیں ہے۔ شعرائے عجم کے خیال کے مطابق صرف تخیل یعنی ایک طرح کے مقدمات موہومہ کی ترتیب کا نام ہے بلکہ جیسا کہ علامہ شبلی نے خود ایک موقع پر تصریح فرمائی ہے، جو چیز مدرکات انسانی میں ہمارے جذبات واحساسات کو برانگیختہ کر سکتی ہے اور ایک خاص

طرح کی موزونیت کے ساتھ مصوری اور موسیقی کی جامع ہے، آج اسی پر شاعری کا اطلاق ہو سکتا ہے۔ یہ بحث نہایت دلچسپ ہے، جیسے شبلی جو فطری شاعر ہیں، من حیث الفن اچھی طرح سمجھائیں گے۔ ہم کو معلوم ہے کہ یورپ کے دو زبردست مستشرق آج کل تاریخ فارسی لٹریچر لکھ رہے ہیں۔ جن میں سے پروفیسر براؤن کی بے نظیر کتاب کے دو حصے، جن کا ذکر آچکا ہے، شائع ہو چکے ہیں۔ دوسرے صاحب ڈاکٹر ڈینی سن راس ہیں ان کی فارسیت کا بھی لوہا مانا جاتا ہے۔

مستشرقین یورپ کی ایک خاص طرح کی وسیع النظری میں کلام نہیں۔ یعنی اصول ارتقا نے تحقیقات کے راستے اس قدر صاف کر دیے ہیں کہ ہر شے کے مدارج اور طبقات ترتیبی کی کڑیاں ملتی جاتی ہیں۔ لٹریچر بھی اس کلیہ سے مستثنیٰ نہیں۔ تاہم مذاق سخن میں جو ایک ذوقی چیز ہے ان فلسفیانہ اکتشافات سے کوئی مدد نہیں مل سکتی۔ شبلی جو کچھ لکھیں گے آشنائے فن ہو کر لکھیں گے۔ اس لئے ان کی تصنیف موعود (شعر العجم) میرا خیال ہے معاصرانہ تالیفات سے، جو حسن اتفاق سے ساتھ ساتھ لکھی جا رہی ہیں، بالموازنہ فائق رہے گی۔ بہر حال فارسی شاعری سے پروفیسر شبلی کو جو طبعی مناسبت ہے اور آئندہ جس حد تک یہ کھل کر داد سخن دے سکیں گے اس کی نسبت ابھی کچھ کہنا قبل از وقت ہے۔

میں سردست سوانح مولانا رومؒ کو پیش کرتا ہوں جس میں مثنوی پر مفصل تقریظ کی گئی ہے اور جو شبلی کی طرف سے فارسی لٹریچر کے سلسلہ کی گویا پہلی قسط ہے۔ مثنوی فارسی کی ان چار کتابوں میں ہے جو دنیا میں سب سے زیادہ مقبول ہوئیں۔ لیکن وہ عموماً ایک تصوف کی کتاب سمجھی جاتی ہے جس کی نسبت عام خیال

ہے کہ تمثیلی زبان میں وہ اسرار نہاں بیان کئے گئے ہیں جو صوفیوں میں سینہ بہ سینہ چلے آتے ہیں۔ شبلی نے بالکل ایک جدید حیثیت سے اس مثنوی پر نظر ڈالی ہے یعنی ان کا دعویٰ ہے کہ تصوف یعنی فلسفہ باطنی کے سوا کلام و عقائد کی یہ بہترین تصنیف ہے جو اسلامی لٹریچر کی طرف سے پیش کی جاسکتی ہے اور کچھ شک نہیں کہ تقریظ میں اس قدر شواہد بہم پہنچائے گئے ہیں کہ دعویٰ آپ اپنی دلیل ہو رہا ہے۔

عقائد و کلام کے جس قدر اہم مسائل ہیں، ایک ایک کر کے متفرق عنوانوں کے تحت میں لائے گئے ہیں، اور ان پر حکیمانہ استدلال کے ساتھ فاضل مؤلف نے دکھایا ہے کہ یہ تمام مسائل مثنوی سے ماخوذ ہیں۔ ایک ایسی کتاب میں جو سیکڑوں برس پہلے لکھی گئی، اس قسم کے نکات و معارف کا موجود ہونا، جن کا اکتشاف جدید سائنس صدیوں کے مسلسل مطالعہ فطرت اور ارتقائے عقلی کے کر سکا، کہاں تک اس کی معجز بیانی ثابت کرتا ہے۔

شبلی نے ایک طرف کوئی ایسی بات نہیں پیدا کی جس کی طرف خود مولانا رومؒ کا ذہن منتقل نہ ہوا ہو۔ اور ساتھ ہی ان مسائل کو جو مذہبی فلسفہ کی حیثیت سے مثنوی کے اعضائے رئیسہ میں تحلیل کر کے اس طرح دکھا دیا کہ ان کی صحت کا اذعان غالب ہو جاتا ہے اور یہی مسائل فلسفہ کی واقفیت کی اخیر سرحد ہے۔ ان کے مقابلہ میں علامہ نذیر احمد کہاں تک ہم کو اپنے ساتھ رکھ سکیں گے، جب وہ بیسویں صدی کی ایک جدید تالیف میں دعائے صحت خانہ کی تلقین فرماتے ہیں۔ حالانکہ زائچہ کے ساتھ صحت خانہ کا اصلی مصداق بھی باقی نہیں رہا۔ اب ان کی جگہ صاف ستھرے غسل خانوں نے لے رکھی ہے۔

یہ امر بھی توجہ کے لائق ہے کہ فاضل پروفیسر نے تقریظ مثنوی میں جو نئے نئے عنوان قائم کئے ہیں اور جن کی طرف بہتوں کا ذہن اس سے پہلے منتقل نہیں ہوا ہو گا، وہ زیادہ تر ایسے ہیں جن پر اس سے (پہلے) شبلی کی قوت صرف ہو چکی ہے۔ یعنی الکلام والغزالی میں تفصیل سے ان کا ذکر آچکا ہے۔ کسی ایسے موضوع پر، جس پر ایک دفعہ زور طبیعت صرف ہو چکا ہے ہو، دوبارہ اس طرح بچ بچ کر قلم اٹھانا کہ کہیں سے تکرار اور اعادہ نہ معلوم ہو بلکہ اصلیت کے زور کے ساتھ ہر عنوان اپنی نوعیت کے لحاظ سے بالکل اچھوتا ہو، کمال انشا پردازی کی دلیل ہے۔ فاضل شبلی نے مثنوی کی خصوصیات کو تفصیل کے ساتھ دکھایا ہے اور مختلف پہلوؤں سے اس پر نظر ڈالی ہے جس میں تخصیص کے ساتھ لائق ذکر مثنوی کا طرز استدلال اور طریقہ افہام یعنی مولانا نے فطرت کے سلسلہ سے استدلال کیا ہے جو بالکل جدید سائنس کے مطابق ہے۔

مثنوی میں فرضی روایات وحکایات کے ضمن میں، جن میں صرف نتائج سے غرض رکھی گئی ہے، اخلاقی مسائل کی تلقین کا جو طریقہ مدت سے چلا آتا تھا پروفیسر شبلی نے دکھایا ہے کہ مولانا نے اس کو کمال کے مرتبہ تک پہنچادیا اور چونکہ استدلال میں تمام تر قیاس تمثیلی سے کام لیا گیا ہے، اس لئے مسئلہ زیر بحث کی واقفیت دل میں بیٹھ جاتی ہے یعنی تشبیہات وتمثیلات کے پیرایہ میں اس قسم کے قرائن پیش کئے جاتے ہیں جن سے خیال پیدا ہوتا ہے کہ اس واقعہ کی جو صورت بیان کی گئی ہے، زیادہ تر قرین عقل ہے۔ جس سے ایک خاص طرح کی وجدانی کیفیت دل میں پیدا ہو جاتی ہے جو استقرار منطقی سے نہیں ہو سکتی اور جس کو تصوف کی اصلطلاح میں ہم

اطمینان ذوقی کہہ سکتے ہیں۔

مختصر یہ کہ مثنوی معنوی میں عارف رومؒ نے جس طرح داد سخن دی ہے اس پر تنقید اُکچھ رائے زنی کرنا میرا منصب نہیں۔ میں تو صرف تقریظ پر تقریظ کرنی چاہتا ہوں یعنی مجھے صرف یہ دکھانا ہے کہ شبلی نے انتقادی حیثیت سے کہاں تک اپنے فرائض سے سبکدوشی حاصل کی۔ اس کے لئے جو کچھ عرض کیا گیا اس کے ساتھ بس اتنا کہنا کافی ہے کہ "آفتاب آمد دلیل آفتاب۔" کتاب کو ایک نظر دیکھ لیجئے، وہ اپنا درجہ آپ بتائے گی لیکن آخر میں اتنا کہنے سے باز نہیں رہ سکتا کہ الہیات کے ضمن میں توحید، نبوت، معجزہ، جبر و قدر، روح، معاد وغیرہ وغیرہ پر جن سلجھے ہوئے اور پاکیزہ خیالات کا اظہار کیا گیا ہے اور موجودات عالم یعنی مادیات اور مجردات کی نازک تفریق اور اس پر منطقی اور فلسفیانہ تفریعات جس لطافت سے کی گئی ہیں، انتقاد کی جان ہیں۔ ہمارے ہاں ردیات تو بہت ہیں لیکن اس طرح علوم قدیمہ وجدیدہ کو ترکیب دے کر کسی نے ست یعنی جوہر نہیں نکالا ہے، صرف فاضل پروفیسر کا حصہ تھا۔

تصوف جیسا کہ اکثروں کا خیال ہے ایک طرح کا "خبط متعارف" نہیں ہے بلکہ جیسا کہ علامہ شبلی نے تصریح فرمائی ہے، دراصل تصحیح خیال کا نام ہے، جو اخلاق کی طرح فلسفہ کی ایک مستقل شاخ ہے لیکن جس طرح توکل کا مصداق ایک طرح کی گداگری ہو رہا ہے، تصوف کی صورت بھی اتنی بگڑ گئی ہے کہ وہ زیادہ سے زیادہ پیٹ کا ایک مشغلہ رہ گیا ہے، لیکن شبلی نے تصوف پر علمی حیثیت سے نگاہ ڈالی ہے جس سے ہم یہ سمجھ سکے کہ ذوقی اور وجدانی کیفیت کے ساتھ اس میں ادبی پہلو بھی

موجود ہے۔ یہ بات ذرا دل لگی یعنی اس گروہ کے مذاق سے ملتی جلتی چیز ہے جو اس کوچہ سے نابلد ہے۔

تصوف کی مفصل تاریخ اور اس کے لفظی اشتقاق و اطلاق کی بحث جس کے متعلق علمائے یورپ اب بھی غلطی کر رہے ہیں "الغزالی" میں مستقل عنوان سے آ چکی ہے، ناظرین اسے اٹھا کر پھر ایک نظر دیکھ لیں۔ تقریظ مثنوی میں جو کچھ لکھا گیا ہے اختصار کے ساتھ ہے لیکن "شریعت" کے ساتھ "طریقت" و "حقیقت" سے جو پردہ اٹھایا گیا ہے اور حدود اقلیدس کی طرح ان اصطلاحات کی جس قدر جامع ومانع تعریف کی گئی ہے وہ بجائے خود ایک چیز ہے اور ضرورت ہے کہ ان کے اطلاقات معناً ہماری روزانہ زندگی کا ایک جزو بن جائیں۔

میرا خیال ہے اب مجھے کچھ اور کہنا نہیں ہے۔ ہاں ایک بات رہ گئی۔ کتاب کے ختم کر لینے کے بعد جو خیال ہوتا ہے کہ مولانا رومؒ کے کلام کا جس قدر استقصا کیا گیا ہے کچھ اس سے زیادہ ہونا تھا لیکن میری رائے اس لئے لائق وثوق نہیں ہے کہ میں چونکہ شبلی کے عالمانہ لٹریچر کا دلدادہ ہوں۔ پہلی بار پڑھتے وقت نظم کا حصہ چھوڑتا گیا تھا یہ اضطراری حرکت اوروں نے بھی کی ہوگی۔ یورپ کے مذاق کے مطابق پوری مثنوی یا اس کے حصہ غالب کو ضمیمہ کی حیثیت سے کتاب کا جزو ہونا تھا۔ لیکن ملک کا ادبی مذاق اس قدر گرا ہوا ہے کہ یہ خیال مشکل سے توجہ کے لائق ہے۔ اس کے سوا تنقیدی حیثیت سے کلام کے جن اجزا پر ریویو کی ضرورت تھی، ہر قسم کے نمونے لے لئے گئے ہیں اور بیاگرافر کا صرف اتنا ہی فرض تھا۔

آخر میں یہ کہنا چاہتا ہوں کہ لٹریچر کا لطف اور اس کی دلچسپیاں انسان کی

اخلاقی اور ادبی ترقی کی ممد ہوتی ہیں۔ ہم علامہ شبلی کے ممنون ہیں کہ ہم کو جلد جلد ان کے دماغی اکتشافات سے مستفید ہونے کا موقع ملتا رہتا ہے۔ اور ہماری دلی خواہش ہے کہ موجودہ کتاب ان کی تصنیفات موعود کا صرف پیش رو ہوگی۔

آج کل کی کاروباری زندگی میں جب ہم کو مشرقی لٹریچر کی طرف توجہ کرنے کی بالکل فرصت نہیں ہے، صرف یہی ایک طریقہ ہے کہ عربی فارسی لٹریچر کے بہترین اجزا عالمانہ تنقید و تقریظ کے ساتھ نئی نسل کے سامنے پیش کئے جائیں۔ اس طرح لٹریچر کا وہ حصہ جو جاننے کے لائق ہے، ہمیشہ کے لئے محفوظ رہ جائے گا۔ ملک میں ناقص لٹریچر کی مقدار اس قدر بڑھ رہی ہے کہ ضرورت ہے جوہرات کنکر پتھر سے علیحدہ کر لئے جائیں۔ حکماء نے انتخاب کے کچھ قاعدے بتائے ہیں جن میں "لارڈ بیکن" کا خیال بہت ہی چبھتا ہوا ہے۔ وہ کہتا ہے، "بعض کتابیں صرف چکھنے کے لائق ہیں، کچھ نگلنے کے اور تھوڑی ایسی ہیں جو چبانے اور ہضم کرنے کی ہیں۔" شررؔ کے ناول پہلی شق میں ہیں۔ دن رات میں پندرہ منٹ محض ذائقہ علمی کے لئے۔ نگلنے کے لائق وہ تصنیفات ہیں جو کم سے کم ایک دفعہ پڑھی جائیں۔ (نام نہیں لوں گا، ادب مانع ہے) مگر چبانے اور ہضم کرنے کے لائق مجموعہ غیر فانی یعنی "تالیفات شبلی" ہیں جن میں مولانا رومؒ کی لائف ترتیباً آخر ہے لیکن بہ لحاظ اوصاف کسی سے پیچھے نہیں ہے۔

***

۱۳

حالی و شبلی کی معاصرانہ چشمک

جدت موضوع چاہتی تھی کہ جہاں تک ہماری آخری بزم کا تعلق ہے اس لپیٹ میں کوئی چھوٹنے نہ پائے، لیکن افسوس ہے مواد ترکیبی کی کمی نے زیادہ پھیلنے کا موقع نہ دیا اور گو "چشمک" کا دائرہ اطلاق خالص حالی و شبلی کی شوخیٔ قلم سے آگے نہیں بڑھا لیکن ضمناً اوروں کا انداز طبیعت (کیرکٹر) بھی دکھاؤں گا اور بکھرے ہوئے موتیوں کو جہاں جہاں سے ہاتھ آئیں گے، سلسلۂ بیان میں پروتا جاؤں گا۔

سرسید کی "بزم ادب" بچے کھچے پرانے لائق پرستش بزرگوں کا گویا نچوڑ تھی لیکن جس طرح خیمہ کے ساتھ طنابیں بھی اکھڑ جاتی ہیں، ان کے رفقاء بھی ایک ایک کر کے آگے پیچھے ہم سے رخصت ہوتے گئے۔ ان کی نکتہ سنجیاں اور روشن خیالیاں، بوڑھے غمزے اور لطائف وظرائف، قدیم اسلامی سوسائٹی کے تبرکات تھے جن سے ہم ہمیشہ کے لئے ہاتھ دھو بیٹھے اور اب ان اصحاب کی تعداد بھی کم ہو رہی ہے، جنھوں نے جما جمایا نقشہ یعنی پچھلے پہر کا خواب اپنی آنکھوں سے دیکھا ہے۔

ان میں ہر فرد اپنے اپنے دائرہ کا مالک تھا اور مستقل ہستی رکھتا تھا۔ آج "وقار الملک" اور "محسن الملک" کی یادگار میں چند سطریں بھی کوئی لکھنے والا نظر نہیں آتا

اور "رجال العصر" کے سلسلہ میں ان کی ضمنی کھپت ان کا بہترین حق ہے جو ہمارے ہاتھوں ان کو مل سکتا ہے۔ میں یہاں ان دونوں لائق افراد کی زندگی کا وہ رخ دکھانا نہیں چاہتا جس کے لحاظ سے کبھی یہ سالار جنگ اعظم کے نفس ناطقہ بنے ہوئے تھے، نہ محسن الملک کے اس کارنامہ کو یاد دلانا چاہتا ہوں جب ان کے قیام لندن میں وزیر انگلستان کو اعتراف کرنا پڑا کہ ہندوستان میں اتنا بڑا اعالی دماغ موجود ہے۔ اسی طرح دونوں صاحبوں کی سیاسی اور قومی خدمات بھی میرے موضوع کے لئے حیثیت اضافی رکھتی ہیں لیکن یہ بات بھولنے کے لائق نہیں ہے کہ جہاں تک سر سید کی ادبی تبلیغ کا تعلق ہے، یہ دونوں گویا ان کے دست و بازو تھے۔

سر سید کے ساتھ "محسن الملک" کی نوک جھونک، ادبی راز و نیاز جس کا ایک خاکہ مراسلات دلچسپ میں دکھایا گیا ہے اور جس کے عالمانہ اور سخن گسترانہ شواہد "مرحوم تہذیب الاخلاق" کے سیزدہ سالہ فائل میں بہ کثرت ملیں گے، فتوحات ادب کا بہترین سرمایہ ہیں، جن پر مستقلاً اظہار خیال کی ضرورت ہے۔ میرے موضوع کے صفحات محدود ہیں، ان کے پھیلانے کی گنجائش نہیں، یہاں صرف چشم سخن کے اشارے پر قناعت کرنی ہوگی۔

بہر حال کس کس کو یاد کروں، محسن الملک، وقار الملک، چراغ علی، ذکاء اللہ، نذیر احمد، حالی و شبلی وغیرہ وغیرہ، سجی سجائی محفل تھی جو دیکھتے دیکھتے درہم برہم ہو گئی۔ "سر سید کی بزم ادب" ایسا وسیع موضوع ہے کہ اگر مولوی وحید الدین سلیم نے اپنی عمر ضائع نہ کی ہوتی اور سر سید اور ان کے رفقاء کے ساتھ جو وابستگی ان کو رہی ہے اور جس کے "آثار معارف" کے نقش اول میں بہ افراط موجود ہیں، وہ

افسانۂ یاران کہن کی حیثیت سے ایک ضخیم الاوراق اور نہایت دلچسپ کتاب تیار کر سکتے تھے، اگر یہ صحیح ہے کہ کسی شخص کی اخلاقی فوقیت کا راز دراصل اس پاکیزہ سوسائٹی میں مضمر ہوتا ہے تو "سیر الصحابہ" کی طرح علی گڈھ کی یہ آخری بزم ادب ہمارے لئے وقت کی چیز اور نتیجہ خیز رہتی۔

خیر! ان تصریحات کے بعد اصل موضوع کی طرف لوٹئے۔ سر سید نے ہمیشہ معاصرین ادب کی حوصلہ افزائی کی۔ ان کی باا ثر شخصیت خاموش تصرف کے ساتھ دوسروں کی قلب ماہیت کرتی رہتی تھی۔ شبلی نے "مولویت" علی گڈھ میں پہنچ کر چھوڑی۔ ان کے خیالات کی کایا پلٹ، مذاق تصنیف اور وسیع النظری، غرض یہ جو کچھ ہوئے، سر سید کے دامن تربیت کا اثر تھا۔ شبلی نے المامون کا دوسرا ایڈیشن جب شائع کیا ہے تو سر سید نے جس خلوص کے ساتھ اس پر دیباچہ لکھا، وہ آج بھی ان کی شرافت ادبی کا پتہ دیتا ہے، اسی طرح حالیؔ کی نیچرل شاعری خیالات کے لحاظ سے سر سید کے فیض صحبت کی ممنون ہے۔ ابھی یہ فیصلہ باقی ہے کہ حالیؔ کی روش جدید نے پروفیسر آزاد کی ڈالی ہوئی داغ بیل یعنی ان کے نتائج فکر سے کہاں تک فائدہ اٹھایا، جن کو تاریخی حیثیت سے کم سے کم اولیت کا شرف حاصل ہے۔ مختصر یہ کہ متاخرین ادب کے ساتھ سر سید کا درجۂ متناسبہ صرف مربیانہ تھا، اسی لئے ایسی باوقار ہستی سے چشمک تو خیر اس کی کسرات بھی بہ مشکل ہاتھ آئیں گی۔

پروفیسر آزاد اس قدر بلند خیال اور استادانہ دل و دماغ رکھتے تھے کہ ان کے ہاں بھی جہاں تک معاصرین کا تعلق ہے "چشمک" کا گذر نہیں۔ ایک واقعۂ دلچسپ اہل ذوق کی ضیافت طبع کے لئے لکھتا ہوں۔ لاہور میں پہلی دفعہ جب ایجوکیشنل

کانفرنس کا جلسہ ہوا تو پروفیسر آزاد زندہ تھے، گو دماغ کسی حد تک متاثر ہو چکا تھا، نذیر احمد ملنے کے لئے گئے، حالی اور غالباً شبلی بھی ساتھ تھے، نذیر احمد کا لکچر ہونے والا تھا جو چھپا ہوا ان کے ہاتھ میں تھا۔ آزاد رسالہ کی طرف متوجہ ہوئے تو نذیر احمد نے یہ کہہ کر آگے بڑھا دیا کہ ایک نظر دیکھ لیجئے، کانفرنس میں پیش کرنا ہے۔ آزاد فوراً قلم سنبھال کر بیٹھ گئے اور کانٹ چھانٹ شروع کر دی۔ نذیر احمد، آزاد کی اس بے تکلفی سے اس قدر متاثر ہوئے کہ جوش محبت سے آنکھیں نم ہو گئیں۔ ان کو قدرتی طور پر یہ خیال آیا کہ ابھی ان کے دائرہ میں ایک شخص ایسا موجود ہے جو ایک "بوڑھے" بچہ کی مشق سخن پر نظر ثانی کر سکتا ہے۔

حالی ؔبھی آزاد کی استادی کا لوہا مانتے تھے، ان کی مخلصانہ عقیدت کیشی کے لئے وہ تقریظ و تنقید دیکھئے جو آب حیات اور نیرنگ خیال پر حالی نے لکھی ہے اور جس پر ضمناً یہ طے کر دیا ہے کہ نیچرل شاعری دراصل آزاد کی صنعت فکر کا نقش اولین اور ان کی اولیات میں محسوب ہونے کے لائق ہے۔ حالی ؔلکھتے ہیں،

"نظم و نثر میں بہت کچھ لکھا گیا اور لکھا جارہا ہے۔ یعنی لٹریچر کے رقبہ کا طول و عرض بڑھ گیا ہے، لیکن اس کا ارتفاع جہاں تھا وہیں رہا۔ یعنی اخلاقی سطح بہت اونچی نہیں ہوئی لیکن آزاد کی پاکیزہ خیالی اور خوش بیانی نے یہ کمی پوری کر دی۔ 'نیرنگ خیال' کی بہت کچھ داد دی ہے کیونکہ آزاد کے قلم نے پہلے پہل جذبات انسانی کی تجسیم و تشخیص کی اور معقولات کی تصویریں محسوسات کی شکلوں میں کھینچی ہیں اور خصائل انسانی کے فطری خواص ایسے مؤثر اور دلکش پیرایہ میں بیان کئے ہیں، جن سے اردو لٹریچر اب تک خالی تھا۔"

شبلی بھی آزاد کا ادب کرتے تھے، فرمایا کرتے تھے آزاد اردوئے معلیٰ کا ہیرو ہے، اس کو کسی اور سہارے کی ضرورت نہیں، وہ اصلی معنوں میں ایک زبردست انشاپرداز ہے، تاہم ایک ہلکی سی چشمک لیجئے۔

ہندوستان کے سب سے بڑے انشاپرداز نے نیرنگ خیال میں جہاں کی یہ تصویر کھینچی ہے، "اس کے بعد ایک اور بادشاہ آیا جو اپنی وضع سے ہندو راجہ معلوم ہوتا تھا، وہ خود نشہ میں چور تھا، ایک عورت صاحب کمال (نور جہاں) اس کا ہاتھ پکڑے آتی تھی اور جدھر چاہتی تھی پھراتی تھی۔ وہ جو کچھ دیکھتا اس کے نور جمال سے دیکھتا تھا اور جو کچھ کہتا تھا اس کی زبان سے کہتا تھا۔ اس پر ہاتھ میں ایک فرد کاغذوں کا تھا اور ان پر قلم دھرا تھا۔ یہ سوانگ دیکھ کر سب مسکرائے، مگر چونکہ دولت اس کے ساتھ ساتھ تھی اور اقبال آگے آگے اہتمام کرتا تھا اس لئے بدمست بھی نہیں ہوتا تھا، جب نشہ سے آنکھیں کھلتی تھیں تو کچھ لکھ بھی لیتا تھا۔"

"تزک جہانگیری" کے ریویو میں شبلی فرماتے ہیں، "آؤ دیکھیں اس جھوٹ میں کچھ سچ بھی ہے؟ ہمارے انشاپرداز نے جہانگیر کے کبھی کبھی ہوش میں آنے کا جو کارنامہ بتایا ہے وہ اس کی کتاب "تزک جہانگیری" ہے۔ اس کے بعد شبلی نے جو کچھ لکھا ہے، ناقدانہ اور سخن گسترانہ ہے یعنی بے ضرر چشمک کی ایک خوبصورت مثال ہے جو عنوان زیر بحث کے تحت میں آسکتی ہے۔

"شعر العجم" جس زمانہ میں لکھی جارہی تھی، میں نے شبلی کو توجہ دلائی کہ آزاد کی تالیف موعود پر نگاہ رکھئے گا جو موضوع مشترک پر نکلنے والی ہے۔ وہ سمجھے میرا مطلب سخندان فارس سے ہے۔ ایک دوست کو لکھتے ہیں، "آزاد کا سخندان فارس

حصہ دوم نکلا، سبحان اللہ لیکن الحمد للہ میرے شعر العجم کو ہاتھ نہیں لگایا ہے۔"

مجھے تحریر فرماتے ہیں کہ "آزاد کی کتاب آئی، جانتا تھا کہ وہ تحقیق کے میدان کا مرد نہیں تاہم ادھر ادھر کی گپیں بھی ہانک دیتا تو وحی معلوم ہوتی لیکن خدا کا شکر ہے کہ گیارہ لکچر تک اس نے میری سرحد میں قدم نہیں رکھا، بارہویں میں یہ میدان میں اترا ہے لیکن زور پہلے صرف ہو چکا تھا۔ یونہی سرسری چکر لگا کر نکل گیا۔"

میں نے لکھا، "میری غرض سخندان فارس سے نہیں بلکہ آزاد کے تذکرۂ شعراء سے تھی۔" اس پر تحریر فرماتے ہیں، "میں آزاد کی طرف سے بالکل مطمئن ہو گیا تھا، لیکن آپ نے پھر ڈرا دیا۔ مجھ کو پہلے سے معلوم ہوتا تو اس مضمون پر ہاتھ نہ ڈالتا۔" یہ جزئیات جو دکھا رہا ہوں خارج از موضوع نہیں ہیں۔ ان سے یہ پتہ چلے گا کہ شطرنج کی اصطلاح میں بساط ادب کے یہ شاطر مہرے آپس میں کس طرح گتھے ہوئے تھے۔

نذیر احمد بھی تنقیص پسند نہیں تھے، ان کی لے دے زیادہ تر سرسید پر رہتی تھی لیکن اس طرح کہ، "وہ کہیں اور سنا کرے کوئی۔" خلوص تھا کہ حرف حرف سے ٹپکا پڑتا تھا، طبیعت میں منقولانہ رنگ غالب تھا، اس لئے شروع شروع سرسید کے اجتہادات سے ان کو جھجک سی تھی جو رفتہ رفتہ گئی اور اس طرح گئی کہ سرسید کے عقیدت کیشانِ باصفا میں یہ کسی سے پیچھے نہ تھے اور اس پر فخر کرتے تھے۔ یہ فراخ دلی جس کے شواہد ان کے لٹریچر میں کثرت سے نظر آئیں گے، سرسید تک محدود نہ تھی، اوروں کے ساتھ بھی یہی معاملہ تھا۔ ایک آدھ واقعہ استشہاداً لیجئے۔

علی گڑھ کے اسٹریچی ہال میں کانفرنس کی مقتدر جماعت کا اجلاس ہے، اطراف ملک سے پڑھے لکھے اور روادار لوگ آ آکر جمع ہوئے ہیں۔ خطیبانہ بلند آہنگی کے سلسلہ میں ایک آوازیوں گویا ہوتی ہے، "میں نے کسی زمانہ میں عربی اچھی پڑھی تھی، اب تو ایسا زہول ہو گیا کہ مولوی شبلی ایک صیغہ پوچھ بیٹھیں تو بغلیں جھانکنی پڑیں۔" ان فقروں کا نکلنا تھا کہ اس زمانہ کے مولوی شبلی جو نئے علی گڈھ آئے تھے، ہزاروں نگاہوں کے نقطۂ شعاعی بنے ہوئے تھے اور یہ ان کی قابلیت کا پہلا اعتراف تھا جس کا اثر بجلی کی طرح ہال کے ایک سرے سے دوسرے سرے تک دوڑ گیا۔

اسی طرح نذیر احمد لکچر سے پہلے کبھی کبھی اپنی نظم سنایا کرتے تھے، ایک موقع پر فرماتے ہیں، "جس طرح یحیٰؑ پیغمبر حضرت عیسیٰ علیہ السلام کی منادی کرتے تھے کہ میرے بعد مجھ سے ایک بہت بڑا پیغمبر آنے والا ہے، اسی طرح میری نظم گویا ندائے عام ہے کہ میرے بعد مولوی الطاف حسین حالیؔ اپنی نظم پڑھیں گے اور میں اپنی پندار میں ان کی نظم کی رونق کا باعث ہوتا ہوں۔" اخلاقاً ایک ہم عصر کی شاعرانہ قومیت کے اعتراف کا یہ کتنا بلیغ اور خوبصورت پیرایہ ہے۔

اب میں نفس موضوع سے قریب ہوتا جاتا ہوں، یہاں تک صرف بیانات اضافی تھے۔ اصلی کام "حالی و شبلی" کو باہم ٹکرانا ہے، لیکن ترتیباً پہلے یہ دیکھئے کہ حالی نے شبلی کی نسبت جن خیالات کا اظہار کیا ہے اس میں چشمک کا کوئی عنصر موجود ہے یا نہیں؟ "معارف" میں نامۂ حالی و شبلی کا سلسلہ کچھ عرصہ سے جاری ہے، ان خطوں میں حالی، شبلی کو اس خلوص حسن اشتیاق سے یاد کرتے ہیں، ان کی ایک ایک

تصنیف کا جس شوق و ذوق سے نام گناتے ہیں، وہ بھی اس آرزو کے ساتھ کہ کوئی کتاب ان کی لائبریری کے آغوش میں جگہ پانے سے رہ نہ جائے، اخلاص کی آخری حد ہے۔

خط دیر میں ملتا ہے تو کہتے ہیں، "اس قدر مدت کے بعد عنایت نامہ کے ورود نے میری آنکھوں کے ساتھ وہی کیا جو پیراہن یوسفؑ نے چشم یعقوبؑ کے ساتھ کیا تھا۔" جس خط کو دیکھئے، درد محبت اور ایک خاص طرح کی صدق مقالی جو بڑے بوڑھوں کا حصہ ہوتی ہے، لفظ لفظ سے ٹپکتی ہے۔ شبلی کے پاؤں کا واقعہ پیش آتا ہے تو گھبرا کر ان کے فرزند رشید "حامد شبلی" سے خیر و عافیت دریافت کرتے ہیں اور باوصف اس کے کہ آنکھ نے جواب دے دیا ہے، قویٰ میں بہ اقتضائے سن عام اضمحلال ہے، پھر بھی اعظم گڈھ کے سفر کی آمادگی ظاہر کرتے ہیں یہاں تک کہ "الندوہ" میں شبلی کے احباب کی رباعیات دیکھ کر حالی کو خیال آتا ہے کہ وہ مولانا (شبلی) کے زمرۂ احباب میں ہونے کا فخر حاصل کریں۔ اس لئے ایک رباعی موزوں کر کے بھیجتے ہیں کہ الندوہ کے کسی آئینہ نمبر میں اسے بھی جگہ دے دیجئے گا۔

سیرۃ النعمان جب شائع ہوئی تو حالی نے اس پر ریویو لکھا، فرماتے ہیں، "انھوں نے (یعنی شبلی نے) اپنی ہر ایک پہلی تصنیف میں جس بلندی پر آپ کو دکھایا ہے اس کے بعد کی تصنیف میں ان کی لیاقت اور روشن دماغی اس سے بلند تر منظر پر جلوہ گر ہوتی ہے اور جہاں تک میری نگاہ پہونچتی ہے، 'سیرۃ النعمان' کو ان سب سے اعلیٰ منظر پر پاتا ہوں۔"

"کتاب کی ترتیب، اصول، استنباط اور طرز اجتہاد کے لحاظ سے"، شبلی کو حالی

نے فاضل، ادیب، محقق اور اگر وہ منظور کریں تو منشی اور شاعر کی حیثیت سے یاد کیا ہے اور دیکھا ہے کہ جس طرح حسن تناسب اعضا کا نام ہے۔ 'سیرۃ النعمان' میں روایت و درایت کی تطبیق اور جس موزوں طریقہ پر رائے اور قیاس سے کام لیا گیا ہے اس طریقۂ استدلال سے فلسفۂ مذہب کی بنیاد قائم ہوتی ہے اور مصنف (یعنی شبلی) نے اپنی فضیلت اور لیاقت پر سے بہت سے پردے اٹھا دیے ہیں۔

شبلی "دستۂ گل" ہدیۃً بھیجتے ہیں تو حالی جواباً لکھتے ہیں، "کوئی کیوں کر مان سکتا ہے کہ یہ اس شخص کا کلام ہے جس نے سیرۃ النعمان، الفاروق اور سوانح مولانا روم جیسی مقدس کتابیں لکھی ہیں، غزلیں کاہے کو ہیں، شراب دو آتشہ ہے جس کے نشہ میں خمار چشم ساقی بھی ملا ہوا ہے، غزلیات حافظ کا جو حصہ محض رندی اور بے باکی کے مضامین پر مشتمل ہے، ممکن ہے کہ اس کے الفاظ میں زیادہ دلربائی ہو مگر خیالات کے لحاظ سے تو یہ غزلیں اس سے بہت زیادہ گرم ہیں۔"

آپ کہیں گے کہ ان مسلسل انکشافات میں سوائے بہکی ہوئی باتوں کے مقصود اصلی یعنی "چشمک" کا اب بھی پتہ نہیں، لیکن میں عرض کر چکا ہوں کہ میں اصلی نکتہ سے قریب تر ہوتا جاتا ہوں، اصولاً اخلاق کے ساتھ تھوڑی کج ادائی بھی ہو تو زیادہ اجاگر ہوتی ہے۔ جو آنکھیں روشنی کی عادی ہوتی ہیں، ان کو تاریکی گراں گذرتی ہے، اسی طرح نفس انسانی کا رخ روشن اس کے دوسرے رخ کو زیادہ نمایاں کر دیتا ہے، اس لئے میری اضافی تصریحات بیکار نہیں ہیں۔ بہر حال اظہار خلوص کی حد تک ہو چکی، کچھ اصل موضوع یعنی "چشمک" کی مثالیں لیجئے۔

"حیات جاوید" میں ایک موقع پر حالی فرماتے ہیں، "اعلیٰ تعلیم کی حمایت کے

جوش میں 'سرسید' کے قلم سے بعض مواقع پر ایسے الفاظ نکل گئے ہیں کہ ترجموں کی غرض سے سوسائٹی قائم کرنے کو وہ اپنی غلطی تسلیم کرتے تھے اور اسی بنا پر شمس العلماء مولانا شبلی نے مسلمانوں کی گذشتہ تعلیم میں اس غلطی کا جس کو سرسید ٦۔٧ برس پہلے ایجوکیشن کمیشن میں تسلیم کر چکے تھے، ذکر کیا ہے اور اس بنا پر کہ مغربی علوم وفنون کا دیسی زبان میں ترجمہ ہونا ممکن نہیں ہے، سائنٹیفک سوسائٹی قائم کرنے کو سرسید کی ایک غلطی قرار دیا ہے اور اپنے اس دعویٰ پر کہ ترجمہ ممکن نہیں زیادہ تر وہی دلیلیں جو خود سرسید نے بعض مواقع پر بیان کی تھیں، پیش کی ہیں۔"

حالیؔ کہتے ہیں کہ، "اگر مولانا (یعنی شبلی) کی یہ اصلی رائے ہوتی تو ہم کو اس سے تعرض کی ضرورت نہ تھی، لیکن چونکہ انھوں نے خود سرسید کے بعض بیانات سے یہ رائے استنباط کی ہے، اس لئے ہم کو سرسید کے خیالات کا اصل منشاء ظاہر کرنا ہے۔" حالیؔ نے ایک ایک کر کے اعتراضات کی تردید کی ہے اور نہایت تفصیل کے ساتھ دکھایا ہے کہ شبلی کے اعتراضات کا زیادہ تر حصہ خود سرسید کے خیالات سے ماخوذ ہے، "چشمک" کی یہ پہلی مثال ہے جس میں حالی کی حیثیت نسبتی اقدامی نہیں بلکہ دفاعی ہے اور جس میں ناقدانہ اظہار خیال کے سوا در پردہ کوئی چوٹ نہیں ہے۔

یہاں تک تو آپ نے دیکھا کہ حالیؔ کا شبلی کے ساتھ کیا رنگ تھا، لیکن یہ شراب اب تیز ہوا چاہتی ہے۔ اب یہ دیکھئے شبلی کے خیالات و مقالات کا جہاں تک خوش صفات حالی کا تعلق ہے، کیا حال ہے۔ شبلی نے ابھی "المامون" نہیں لکھی ہے یا لکھی ہے، لیکن لکھنے سے پہلے حیات سعدی پیش نظر ہے۔ ایک عزیز کو لکھتے ہیں، "ایک کتاب حال میں مولوی حالی صاحب نے لکھی ہے اور مجھ کو تحفۃً بھیجی ہے، شیخ

سعدی کی نہایت دلچسپ محققانہ سوانح عمری ہے، میں نے بے اختیار تمہارے لئے پسند کیا اور مولوی حالی صاحب کو لکھ دیا ہے کہ وہ تمہارے نام بھیج دیں۔ واقعی بے مثل ہے اور تم کو اپنے پاس رکھنا نہایت ضروری ہے۔" لیکن یہ دیکھنا ہے کہ شبلی صاحب خود تصنیفات کے مالک ہوئے تو حالی کے ساتھ یہ حسن ظن کہاں تک قائم رہا؟

سوانح مولانا روم میں شبلی یوں اظہار خیال کرتے ہیں، "تمام اہل تذکرہ متفق ہیں کہ جن لوگوں نے غزل کو غزل بنایا، ووہ سعدی، عراقی اور مولانا روم ہیں، اس لحاظ سے مولانا کے دیوان پر ریویو کرتے ہوئے ہمارا فرض تھا کہ سعدی اور عراقی سے ان کا موازنہ کیا جاتا، تینوں بزرگوں کے نمونے دکھائے جاتے اور ہر ایک کی خصوصیات بیان کی جاتیں اور چونکہ ہمارے ہیرو ہیں اس لئے مذاق حال کے موافق خواہ مخواہ بھی ان کو ترجیح دی جاتی لیکن حقیقت یہ ہے کہ ایسا کرنا واقعہ نگاری کے فرائض کے بالکل خلاف ہے۔"

اگر تھوڑی دیر کے لئے بھی یہ مان لیا جائے کہ شبلی کا روئے سخن "حیات سعدی" یا "یادگار غالب" کی طرف ہے، تو چشمک کی یہ نہایت ہی چبھتی ہوئی مثال ہوگی جو ناظرین کے سامنے پیش کی جاسکتی ہے، لیکن ایک نکتہ سنج پوچھ سکتا ہے کہ کیا یہی طریقہ نمایاں طور پر "موازنۂ انیس و دبیر" میں اور ایک کافی حد تک "شعر العجم" میں اختیار نہیں کیا گیا؟ "کلیات خسرو" جس کی تہذیب و ترتیب بزعم علی گڈھ آج کل کے معرکۂ ادب میں پیش پیش ہے اور جس میں تنقید کے سلسلہ میں معاصرانہ کلام کا موازنہ کیا گیا ہے، کہاں تک واقعہ نگاری کے خلاف "مذاق حال"

سے بے نیازی کا دعویٰ کر سکتی ہے اور سب سے بڑھ کر یہ کہ آیا حالی اس نکتہ کے سمجھنے سے قاصر تھے؟

"چشمک" کی دوسری مثال لیجئے۔ 'تذکرۂ گلشن ہند' کے حاشیہ میں شبلی لکھتے ہیں، "مولوی حالی صاحب نے اپنے دیوان کے مقدمہ میں لکھنؤ کی شاعری میں صرف نواب مرزا شوق کی مثنویوں کا اعتراف کیا ہے، لیکن چونکہ ان کے نزدیک شعرائے لکھنؤ سے ایسی فصاحت اور سلاست کی توقع نہیں ہو سکتی، اس لئے اس کی وجہ یہ قرار دیا کہ نواب مرزا نے خواجہ اثر کی مثنوی دیکھی تھی اور اس کا طرز اٹھایا تھا، یہ اشعار مثنوی کے ہیں، اس کا فیصلہ خود ناظرین کر سکتے ہیں کہ یہ مثنوی نواب مرزا کا ماخذ اور نمونہ ہو سکتی ہے۔"

اسی طرح جیسا کہ "دیباچہ گلزار نسیم" کے حاشیۂ ذیلی میں تصریح کی گئی ہے۔ شبلی نے لائق چکبست کو لکھا تھا کہ "گلزار نسیم کی تنقید میں مولانا حالی نے سخت بے رحمی اور ناانصافی سے کام لیا ہے۔"

میں اس کے متعلق خود کچھ لکھنا نہیں چاہتا۔ مولوی عبد الحق کے ذمہ دار قلم سے ٹپکی ہوئی سیاہی جس طرح پھیلی ہے ایک نظر دیکھنے کے لائق ہے۔ جس طرح ناممکن ہے کہ ٹکسالی (اسٹینڈرڈ) کتاب پر ان کا مقدمہ نہ ہو، یہ بھی ناممکن ہے کہ کسی نہ کسی حیثیت سے حالی کی پاسداری میں یہ شبلی پر چوٹ نہ کرتے ہوں، یعنی چشمک کے جراثیم ان کے مقدمات میں کثرت سے ملیں گے کہ یہ امر ان لٹریچر کے خصائص کا ایک جزو ہو گیا ہے۔ پس یہ معلوم ہوتا ہے کہ یہ موقع کی تاک میں رہتے ہیں اور اظہار خیال سے کبھی نہیں چوکتے، لیکن میں اگر غلطی نہیں کرتا تو یہ جو کچھ

لکھتے ہیں نکتہ سنجانہ لکھتے ہیں یعنی شبلی کی تنقیص مقصود بالذات نہیں ہوتی۔

یہاں تک تو 'چشمک' کی صرف نرم مثالیں تھیں یعنی تلخ گولیاں غلاف شکر میں۔ اب ذرا قوی تر شواہد لیجئے، مناقب عمر بن عبد العزیز کے ریویو کے سلسلہ میں شبلی فرماتے ہیں، "سوانح نویسی کے فرائض میں سے جو بڑا فرض مصنف سے رہ گیا وہ تنقید ہے یعنی مصنف نے اپنے ہیرو کی خوبیاں دکھائی ہیں، اس کے کسی قول و فعل پر نکتہ چینی نہیں کی، لیکن یہ اس زمانہ کے تمام سوانح نگاروں کا انداز ہے۔"

اسی سلسلہ میں ارشاد ہوتا ہے، "مصنفین اسلام آج کل کے فریب دہ طریقوں سے بالکل آشنا نہ تھے۔ آج کل کی سوانح نگاری کا انداز یہ ہے کہ حقیقت نگاری کے ظاہر کرنے کے لئے ہیرو پر نکتہ چینی کی جاتی ہے لیکن اس طرح کہ محاسن نہایت وسعت اور عمومیت کے ساتھ ہر پہلو سے دکھائے جاتے ہیں۔ پھر نہایت کمزور اور ضعیف الفاظ میں ایک آدھ اعتراض بھی کر دیے جاتے ہیں، جس سے در اصل مداحی کو اور قوت دینی مقصود ہوتی ہے کیونکہ اس سے یہ ظاہر کرنا منظور ہوتا ہے کہ مصنف نے واقعہ نگاری کے لحاظ سے کسی واقعہ کو چھپانا نہیں چاہا ہے اور اس لحاظ سے ممدوح کی چھوٹی سے چھوٹی برائی کا بھی ذکر کر دیا ہے، ورنہ ایسے محاسن اور خوبیوں کے مقابلہ میں ایک ذرا سی برائی بالکل نظر انداز کرنے کے قابل تھی۔ یہ طریقہ ہماری زبان کے سوانح نگاروں نے یورپ سے سیکھا ہے۔ اردو کی اعلیٰ سے اعلیٰ سوانح عمریوں کا یہی انداز ہے۔ لیکن یہ طریقہ قدیم طریقہ سے بہت زیادہ قابل اعتراض بلکہ خطرناک ہے۔ قدیم طریقہ صرف سکوت کا مجرم تھا لیکن موجودہ طریقہ در حقیقت خیانت اور خداعی ہے جو واقعہ نگاری سے بہ مراحل دور ہے۔"

یقیناً ناظرین سمجھ گئے ہوں گے کہ شبلی کا روئے سخن کس کی طرف ہے اور اعلیٰ سے اعلیٰ سوانح عمری سے ممدوح کا مقصود کیا ہے؟ شیش محل میں بیٹھ کر اوروں پر پتھر پھینکنا ایک خوش ادائی سہی لیکن کیا دانائی بھی ہے؟ اس کا جواب صفحات زیر تحریر میں مل جائے گا، لیکن جلدی نہ کیجئے اور لیجئے۔ مآثر رحیمیؒ کے ریویو میں ارشاد ہوتا ہے،

"اس کتاب میں تمام خوبیوں کے ساتھ یہ بہت بڑا عیب ہے کہ خانخاناں کی خوبیاں ہی خوبیاں گنائی ہیں، نکتہ چینی کا نام نہیں، حالانکہ آج کل کے مذاق کے موافق سوانح عمری اور لائف کی یہ ضروری شرط ہے، لیکن اس طریقہ کو ہم آج کل کے پر فریب طریقہ سے زیادہ پسند کرتے ہیں، جس میں راست نویسی اور تنقید کا بہت کچھ دعویٰ کر کے بھی سوانح عمری کے بجائے مناقب کی کتاب لکھی جاتی ہے اور کوئی عیب اور وہ بھی خفیف کر کے لکھا جاتا ہے تو اس غرض سے کہ محاسن کے یقین کرانے کے کام آئے، یعنی جب عیب نہیں چھپایا ہے تو محاسن کیوں غلط لکھے ہوں گے، بہتر سے بہتر سوانح عمری جو ہماری زبان میں لکھی گئی ہے اس طریقہ کی عمدہ مثال ہے۔"

ابھی اور لیجئے، موازنۂ انیس و دبیر میں اسی خیال کا اعادہ یوں کیا گیا ہے،

"ہمارے زمانہ میں جو سوانح عمریاں لکھی گئی ہیں، ان میں باوجود دعویٰ آزادی کے تنقید اور جرح سے بالکل کام نہیں لیا گیا اور اس کا یہ عذر کیا جاتا ہے کہ ابھی قوم کی یہ حالت نہیں کہ تصویر کے دونوں رخ اس کو دکھائے جائیں لیکن عذر کرنے والے خود اپنی نسبت غلطی کر رہے ہیں۔ جس چیز نے ان کو اظہار حق سے روکا ہے وہ

ایشیائی شخص پرستی ہے جس کا اثر رگ وپے میں سرایت کر گیا ہے اور عذر کرنے والوں کو خود اس کا احساس نہیں ہوتا۔ اس غلامانہ شخص پرستی سے ایک بڑا ضرر یہ ہے کہ جو لوگ ان کابر کی تقلید کرتے ہیں، ان میں ہزاروں ایسے ہوتے ہیں جن کو خود نیک و بد کی تمیز نہیں ہوتی، اس لئے وہ اچھی باتوں کے ساتھ اکابر کی غلطیوں کی بھی تقلید کرنے لگتے ہیں اور سلسلہ در سلسلہ تمام قوم میں اس کا اثر پھیل جاتا ہے۔"

اخلاقی حیثیت سے مولانا کی نگاہ جس نکتہ پر بار بار پڑتی ہے اس کے اہم نتائج سے کون انکار کر سکتا ہے۔ آپ دیکھیں گے ابھی تک اظہار خیال پر ایک نقاب پڑی ہوئی ہے، مگر یہ نقاب اس قدر ہلکی ہے کہ باریک تاروں سے چھن چھن کر "چشمک" کی شوخیاں آپ کے ذوق پردہ دری کو اکسائیں گی، لیکن ذرا ٹھہریئے، اس کا حسن عریانی دیکھنے کے لائق ہے، یعنی اس وقت تک تصریحات کی جگہ صرف اشارات و کنایات تھے، اب صاف صاف لیجئے، شبلی کہتے ہیں،

"حیات جاوید میں مولانا (حالی) نے 'سید صاحب' کی یک رخی تصویر دکھائی ہے، اکثر لوگوں کا یہ خیال ہے کہ کسی کے معائب دکھانے تنگ خیالی اور بد طینتی ہے لیکن اگر یہ صحیح ہو تو موجودہ یورپ کا مذاق اور علمی ترقیاں سب برباد ہو جائیں۔ پھر ایشیائی شاعری میں کیا برائی ہے، سوائے اس کے کہ وہ محض دعویٰ کرتے تھے، واقعات کی شہادت پیش نہیں کرتے تھے، بہر حال حیات جاوید کو مدلل مداحی سمجھتا ہوں۔"

اس پر بھی تسکین نہیں ہوتی، ایک دوست کو پھر لکھتے ہیں، اختلاف آراء بھی کیا چیز ہے، "حیات جاوید کو میں لائف نہیں سمجھتا بلکہ کتاب المناقب سمجھتا ہوں اور وہ

بھی غیر مکمل۔ خیر الناس فیما یعشقون مذاہب۔"

یہاں دلچسپ سوال پیدا ہوتا ہے کہ "آج کل کا پر فریب طریقۂ سوانح نگاری" جو شبلی کے خیال میں ایک طرح کی "خیانت اور خداعی" ہے اور جس پر بار بار بے چینی کے ساتھ زور دیا گیا ہے، دراصل حالی کی ایجاد ہے یا شبلی کی تصنیفات بھی اسی دائرہ میں آجاتی ہیں۔ تاریخی تنقید کا یہ ایک نہایت نازک نکتہ ہے جس پر مولانا نے اگر مزید روشنی ڈالی ہوتی تو دنیائے ادب کے لئے ایک جدید انکشاف ہوتا۔

اسی طرح حالی کی یہ صنعت گری جہاں یورپ کے طرز تحریر سے ماخوذ بتائی گئی ہے، شبلی یہ بھی فرماتے ہیں کہ اس پر فریب طریقہ سے جو ایشیائی شاعری سے ملتا جلتا ہے، موجودہ یورپ کا مذاق اور علمی ترقیاں سب برباد ہو جائیں گی۔ لٹریچر کی طرف سے مولانا کی اس فی الوقت دقیقہ رسی اور جوش التفات کا شکریہ، لیکن ایک نکتہ داں یہ سوال کر سکتا ہے کہ خطرے کا احتمال ظاہر کیا گیا ہے۔ اس کے لحاظ سے مغربی زبان کی کوئی سوانح عمری ایسی دکھائی جا سکتی ہے جس میں محاسن کے ساتھ معائب ابھار کر دکھائے گئے ہوں، کم سے کم جتنی مستند کتابیں سیرۃ (لائف) کی حیثیت سے انگریزی زبان میں لکھی گئی ہیں، وہ اکثروں کے دائرۂ نظر میں ہوں گی لیکن افسوس یہ ہے کہ "حیات جاوید" کی طرح کسی کتاب سے مولانا کی توقعات پوری ہوتی معلوم نہیں ہوتیں، یعنی ان میں ایسے مستقل ابواب نہیں ملتے جن میں "یکے از اقوام جرائم پیشہ" یا "باب الاشرار" کے عنوان سے کسی شخص کے حفظ غیب کا غیر ضروری خاکہ اڑایا گیا ہو۔

ایک ادیب معارضہ بالمثل کی حیثیت سے پوچھ سکتا ہے کہ بہ لحاظ فن حالی کے

اقتصار کی طرف نیک نیتی سے شبلی کا ذہن منتقل ہوا ہے، خود ان کی تصنیفات میں یہ رعایت کہاں تک ملحوظ رکھی گئی ہے یعنی المامونؔ، سیرۃ النعمان، الفاروقؔ اور الغزالیؔ میں انسانی کمزوریاں کس حد تک ابھار کر دکھائی گئی ہیں، اس کا جواب مجھے خوف ہے غیر امید افزا ہوگا۔ کیا یہ علم النفس کی حق تلفی نہیں ہے جو ایک نکتہ سنج مؤرخ کے قلم سے ہوسکتی ہے کیونکہ عظمت خود ملک کے سب سے بڑے مؤرخ کے خیال کے مطابق واقعات کو بدل نہیں سکتی۔

بہر حال یہ کہا جاسکتا ہے کہ "حیات جاوید" کے لئے حالی کی طرف سے اعتذار (اپالوجی) کی بالکل ضرورت نہیں، ایک شریف نے ایک شریف تر انسان کی ہمدردانہ سرگذشت لکھی اور آشنائے فن ہوکر لکھی اور یہی اونچے سے اونچا معیار تحریر ہے جو ایمان بالغیب کی حیثیت سے یورپ کی طرف منسوب کیا جاسکتا ہے۔

یہ قطعی ہے کہ "حیات جاوید" کا رئیس التذکرہ فرشتہ نہیں تھا، انسان تھا، لیکن اس کے اخلاقی اوصاف اس کی اضطراری لغزشوں پر جنھیں انسانی کمزوری سمجھئے، غالب تھے۔ یہی مابہ الامتیاز ہے جس کی بناپر سوانح نگار کسی بڑے سے بڑے شخص کو دنیا کے سامنے پیش کر سکتا ہے۔ سرسید کی کمزوریاں جن کی بے نقابی پر شبلی کو اس قدر اصرار ہے اور جن کے اظہار میں حالیؔ نے صرف بے دردی سے کام نہیں لیا، در اصل سرسید کی زندگی کے وہ عناصر ہیں جن کے بغیر انسانی اخلاق کی تکمیل ناممکن ہے، لیکن اس قسم کے اضافی تصریحات کا بے ضرورت پھیلانا اور تنقیصی پہلو کا اس طرح نمایاں کرنا کہ اصلی محاسن دب دبا جائیں، بالکل ایسا ہی ہوگا جس طرح "ندوہ" کے آخری مناقشات کو شبلی کی ادبی زندگی سے وابستہ کیا جائے جس پر مولانا کا سوانح

نگار کبھی راضی نہیں ہوگا اور جسے شبلی کی علمی "نفسیت" (سائیکالوجی) سے دراصل کوئی تعلق نہیں ہے۔

یہ غور طلب ہے کہ غالب کی طرح شبلی کی افراط خودداری معاصرانہ کمالات کے اعتراف میں فیاض نہیں ہے۔ شبلی نے الکلام لکھی لیکن سرسید کا نام تک نہ آیا حالانکہ سرسید پہلے شخص ہیں جنھوں نے دور جدید میں مذہب کو معقولات عصریہ سے تطبیق دینے کی کوشش کی اور یہ امر بلا اختلاف ان کی اولیات میں محسوب ہونے کے لائق ہے۔ ہم کو مصر کے مذہبی لٹریچر کی اوقات معلوم ہے، اس لئے مصطلح جبہ ودستار کی فضیلت سے اگر قطع نظر کر لیجئے تو سرسید اور ان کے رفقاء نے جو کچھ لکھ دیا ہے، مشکل سے اس پر کچھ اضافہ ہو سکتا ہے، اور یہ سرسید کے اختراعی دماغ اور ان کے زبردست اجتہاد کا اتنا بڑا کارنامہ ہے کہ عدم اعتراف دراصل لٹریچر کی خوش ظرفی ہوگی۔

میں یہاں اس بحث کو چھیڑنا نہیں چاہتا کہ عقائد کو، جو جذباتی چیز ہیں، معقولات سے بھڑانا جن پر ہمارے متکلمین کو اس قدر ناز ہے، دراصل کہاں تک گول خانہ میں چوکھٹی چیز کا مصداق ہے۔ میرا منشاء صرف یہ ہے کہ اس موضوع پر جو کچھ اس وقت تک لکھا گیا یا آئندہ لکھا جائے گا وہ محض سرسید کے قلم کی آواز باز گشت ہوگی۔ یہ دلچسپ سوال ابھی باقی ہے کہ حالیؔ کے ہیرو کے ساتھ شبلی کو اس قدر "چشمک" کیوں ہے۔ کیا یہ جامع حیثیات شخصیت شبلی کے ناموران اسلام کا رنگ پھیکا کرنے والی ہے؟ یا جس طرح ایک خوبصورت عورت دوسری پر کالۂ آتش کو دیکھ نہیں سکتی! دراصل جذبۂ رشک اس کی تہ میں ہے، ملک کے ایک بہت بڑے

فاضل کی رائے کے مطابق سرسید کے بعد اگر اردو میں کوئی قلم اٹھا سکتا ہے، تو وہ حالی ہیں اور اس میں کچھ شک نہیں کہ حالی نے "سرسید کی صرف کثیر الاوراق لائف نہیں لکھ دی۔" بلکہ یہ اردو لٹریچر میں ایسا اضافہ ہے جو حالی کی ذات پر ختم ہو گیا لیکن کیا شعر العجم کے مصنف کو بھی اس پر رشک کرنا چاہئے، اس کا جواب آگے چل کر تاریخ دے گی۔ نہ جاننا کبھی کبھی جاننے سے زیادہ باکیف ہوتا ہے، اس لئے سر دست میں اس لطف کو کھونا نہیں چاہتا۔

لیکن شعر العجم کے ساتھ جو ایک ذوقی چیز ہے، میری بڑھی ہوئی حسن عقیدت اس موازنہ کو جائز نہیں رکھے گی، اس لئے حیات جاوید کے مقابلہ میں شبلی کی صرف ان تصنیفات کو رکھئے جو اپنی نوعیت کے لحاظ سے جنس مشترک کی حیثیت رکھتی ہیں، آج کل کی عوائد رسمیہ (ایٹی کیٹ) کی نزاکتیں شائستہ سوسائٹی میں موازنۂ اوصاف کو جائز نہیں رکھتیں لیکن مصنفین کے دماغوں کی رگڑ فن تنقید کا ایک سخن گسترانہ فرض ہے جس سے قطع نظر نہیں کی جا سکتی۔ اس لئے چشمک کے وہ عقدہ ہائے سربستہ جن میں حالی کے مقابلہ میں لائق عزت شبلی کا پہلو کچھ دیتا ہوا سا ہے، کھلے ہوئے راز کی حیثیت سے پیش کئے گئے ہیں۔ قبل اس کے کہ میں اسے ختم کروں ایک فقرہ معترضہ بار طبیعت ہو رہا ہے، جس سے اسی سلسلہ میں نپٹ لینا چاہتا ہوں۔ "چشمک" جس کے متعدد نظائر جہاں تک گنجائش تھی بہم پہونچائے گئے ہیں۔ وراثت طبعی کے اثر سے اس کا سلسلہ اور بڑھتا ہے۔ ایک زاویۂ علمی کا نوجوان "سید الطائفہ" ا جسے آگے چل کر نظام ادبی کا ایک قوی تر عنصر ہونا ہے، ایک غیر متعلق تصنیف کے سلسلہ میں یوں اظہار خیال کرتا ہے،

"مولوی نذیر احمد بھی اس گناہ کے مجرم ہیں، جس قلم نے مراۃ العروس، بنات النعش، توبۃ النصوح، ابن الوقت اور ایامیٰ لکھنے میں زندگی بسر کی ہو، وہ الفراض اجتہاد، ترجمۂ قرآن، امہات الامۃ کے لئے سنجید گی عبارت، متانت کلام اور ثقاہت بیان کہاں سے لائے گا۔ مقصود یہ ہے کہ مذہبی کتابوں اور بزرگان دین کی تاریخ کے لئے سنجید گی چاہئے۔ شوخ اور ظریفانہ عبارت اور سخیف محاورات موزوں نہیں۔"

یہ مولوی نذیر احمد کون؟ وہی جن کا تصنیفی نام عوام میں ڈپٹی نذیر احمد ہے! آہا، آقائے اردو علامہ نذیر احمد ایل ایل ڈی، جو ملک میں السنۂ مشرقیہ کا سب سے بڑا ادیب تھا، جس کی عربیت اس پایہ کی تھی کہ سخت سے سخت منحرف بھی اس کا لوہا مانتے تھے اور اس کے تبحر علمی سے مرعوب رہتے تھے جس نے اردو سی کم مایہ زبان کو اپنے خاص طرز ادااور زور فصاحت سے ایسا کر دیا کہ آئندہ دنیا اس پر ادب العالیہ (کلاسیکس) کا اطلاق کرے گی، جس کی طبیعت میں قدرت نے عربی کا مذاق اس لئے رکھا تھا کہ وہ عرب کے صحیفۂ آسمان کا قالب بدل سکے۔ پہلے ترجمۂ قرآن کا یہ رنگ تھا، "مستی نکالیتاں اور ریار کرتیاں چھپ کر۔"

اب وہ شستہ، رفتہ اور فصیح اردو کا ایسا مرقع ہے جس پر انشاپردازی ناز کر سکتی ہے۔ نذیر احمد نے مراۃ العروس کے سوا اگر کچھ نہ لکھا ہوتا جب بھی ان کے کمال انشاپردازی کے ثبوت کے لئے یہ اکیلی کتاب کافی تھی۔ ہم کو یاد رکھنا چاہئے کہ وہ اس وقت ایک گراں پایہ مصنف تھے، جب ہمارے لائق ادب بزرگوں میں بہتیروں نے قلم ہاتھ میں نہیں لئے تھے، رہی ان کی ظرافت جو ان ہی کا حصہ ہے

اور جسے آپ کھانے میں نمک سمجھئے اور میں لٹریچر کے چہرے کا تبسم کہوں گا، جو نئی تحقیقات کے مطابق صرف خوش ادائی نہیں، بلکہ اخلاقی پاکیزگی کے ساتھ کامل صحت کی دلیل ہے۔

صرف ایک مثال لیجئے۔ نزول قرآن کے سلسلہ میں 'نذیر احمد' اپنے فصیح لکچر میں ایک جگہ کہتے ہیں،

"جن دنوں قرآن نازل ہوا ہے، وہ ایک وقت تھا کہ عربی لٹریچر کے جوبن پر ایک بہار آرہی تھی۔ لوگوں میں یہ مادہ ایسا بر سر ترقی تھا کہ کوئی تنفس مذاق شعری سے خالی نہ تھا۔ یہ تو عربی زبان کے عروج کا زمانہ تھا۔ یوں بھی عرب کو اپنی بولی پر بلا کا ناز تھا۔ انھوں نے اپنے سوا دوسروں کا نام رکھا تھا" عجم "یعنی گونگے یا جن کو بات کرنے کا سلیقہ نہیں۔ ایسے لوگوں سے کیسی ہی اچھی بات کہی جاتی مگر وہ ہوتی حلیۂ فصاحت سے عاری تو ان کے کان پر جوں بھی نہ چلتی۔ پس ضرور تھا کہ اسی داؤ سے ان کو پچھاڑا جائے جو ان کو خوب رواں تھا یعنی 'فصاحت'، قرآن نازل ہوا تو جو اپنے اپنے وقت کے "سر سید، محسن الملک، سید محمود اور حالی و شبلی تھے، سب کے چھکے چھوٹ گئے۔"

یہی بلاغت ہے جس کی بنا پر کہا گیا ہے کہ انشا پرداز کا ایک فقرہ ہزاروں علمی اور تاریخی اوراق پر بھاری ہوتا ہے اور یہی تصرفات ہیں، جن کے لحاظ سے ایک ادیب کو بڑے سے بڑے فلسفی اور مؤرخ پر ہمیشہ ترجیح رہے گی۔

یہی بلاغت تھی جس نے کسی زمانے میں "حیدر آباد دکن" کے "بسمارک" کو نذیر احمد کا شیدائی بنا رکھا تھا۔ سر سالار جنگ اول اسٹیٹ ڈنر پر ہیں، طلائی قابوں کا

دور چل رہا ہے، چھری کانٹوں کی دھیمی موسیقیت میں دفعتاً سرکاری ڈاک کے آنے کی اطلاع ہوتی ہے۔ ارشاد ہوتا ہے نذیر احمد کی کوئی مراسلت ہو تو فوراً پیش کی جائے، ایک منٹ کے بعد جلیل القدر میزبان شام کے ہاتھ میں ایک کاغذ ہوتا ہے۔ برقی روشنی کی جگمگاہٹ میں شائق ادب امیر الامراء کی نگاہ نقوش حرفی پر دوڑ رہی ہے اور چہرے پر رہ رہ کر وہ کیفیت طاری ہوتی ہے جسے تبسم زیر لب کی ہلکی لہریں کہئے، نذیر احمد کے خون ادب کا یہ وہ لقمۂ تر تھا جس سے شاہی میز بھی بے نیاز نہ رہ سکی لیکن اب یہ ہمارے گلے میں پھنسنے لگا ہے، جسے ہم اگلنا چاہتے ہیں، مگر یہ بے نمکی روایات سابقہ کے لحاظ سے کچھ ٹھیک نہیں معلوم ہوتی، ادب چاہتا ہے۔ ان کا کمال انشاپردازی غیر ستائشی جنبش لب سے ہمیشہ بے نیاز رہے گا۔

آخر میں مجھے ایک نکتہ صاف کرنا ہے یعنی حالی کے ساتھ شبلی کی چشمک کے جو شواہد پیش کئے گئے ہیں، ان سے کوئی صاحب یہ نہ سمجھیں کہ شبلی کو حالی سے خلوص نہیں تھا۔ شبلی، حالی کو ہمیشہ عزت کے ساتھ یاد کیا کرتے تھے، فرمایا کرتے تھے کہ، "جب تک مواد تحریری نہ ہو میں ایک قدم بھی چل نہیں سکتا، مگر حالی کی نکتہ آفرینی اس کی محتاج نہیں، ان کی دقیقہ رس اور نکتہ سنج طبیعت ایسی جگہ سے مطلب نکال لاتی ہے جہاں ذہن میں بھی منتقل نہیں ہوتا اور یہ کمال اجتہاد کی دلیل ہے۔"

پاؤں کے واقعہ کے بعد شبلی کو حالی نے وفور جوش میں جو رباعی لکھ کر بھیجی تھی اور جس کا ذکر اوپر گذر چکا ہے، شبلی "الندوہ" میں "مولانا حالی کی ذرہ نوازی" کے عنوان سے یوں رقم طراز ہیں، "مولانا کا میری نسبت ایسے خیالات ظاہر کرنا محض ان کی ذرہ نوازی ہے۔ وہ میرے احباب میں شامل ہونے کا ننگ گوارا فرماتے ہیں،

لیکن میری یہ عزت ہے کہ مجھ کو اپنے نیاز مندوں کے زمرہ میں شامل ہونے کی اجازت دیں۔ اب چند ہی ایسی صورتیں باقی رہ گئی ہیں جن کو دیکھ کر قدماء کی یاد تازہ ہو جاتی ہے، خدا ان بزرگوں کا سایہ قائم رکھے۔"

بہر حال "چشمک" جو کچھ تھی ادبی حیثیت سے تھی، نج کے تعلقات دونوں صاحبوں کے اتنے ہی خوش گوار تھے جتنے باوصف اختلاف وکلائے مقدمہ کے اجلاس سے باہر ہوا کرتے ہیں۔ ان چند صفحوں سے خصائص نفسی کے مختلف رخ سامنے آ گئے ہیں، ورنہ میری غایت محض تنشیط ادب یعنی احباب کی دماغی تفریح کے سوا اور کچھ نہیں ہے۔ اس حیثیت سے اردو لٹریچر میں غالباً یہ ایک نیا مضمون ہے۔

حاشیے

(۱) معارف، علی گڈھ کی طرف اشارہ ہے، مرتب۔

(۲) جس مضمون کا حوالہ حالی نے دیا ہے، رسائل شبلی کے طبع جدید میں اس کے دو ٹکڑے ہو گئے ہیں، یعنی قدیم تعلیم اور تراجم، جدید معلومات کے اضافہ کے ساتھ وہ حصہ نکال ڈالا گیا ہے جس میں سرسید پر کچھ اعتراضات تھے، مہدیؔ۔

(۳) میرے مخاطب صحیح وہ حضرات نہیں ہیں جو تنقیص و تنقید میں امتیاز نہیں کر سکتے، یا کرنا نہیں چاہتے، نہ جاننا (جہل) چنداں لائق اعتراض نہیں، لیکن یہ بھی نہ جاننا کہ نہیں جانتے (جہل مرکب) قطعاً لائق معافی نہیں۔ ایک بیباک نے حال میں لکھا تھا کہ شعر العجم پروفیسر براؤن کی "لٹریری ہسٹری آف پرشیا" کا سرقہ ہے، شاید کہنا یہ منظور ہو گا کہ براؤن کی کتاب سے ماخوذ ہے، لیکن غریب کو معلوم نہیں کہ

براؤن نے فارسی شاعری کی تاریخ نہیں لکھی بلکہ دراصل وہ اسلامی لٹریچر کی دماغی تاریخ ہے، ایران سے جو کچھ تعلق ہے یہ ہے کہ براؤن ان مصنفین کو الگ کرتا گیا ہے جو اسلام کے وسیع دور میں خاک عجم سے وقتاً فوقتاً اٹھتے رہے، اس میں شعراء کا ذکر ضمناً آیا ہے، وہ بھی تاریخی حیثیت سے ذوقی اور جذباتی حیثیت سے نہیں کہ براؤن کے بس کی بات نہیں تھی، شعر العجم کا موضوع بالکل جداگانہ ہے۔

ہماری زبان پر "فلسفہ"، "ارتقا" اور جانے کیا کیا بے سوچے سمجھے اس بری طرح چڑھ گیا ہے کہ خیر سے معلومات میں تو کچھ اضافہ ہوا نہیں لیکن ان الفاظ کی رہی سہی آبرو بھی جاتی رہی، جس ملک میں تنقید عالیہ (ہائر کریٹی سزم) کا مفہوم صحیح اچھے خاصے پڑھے لکھے نہ سمجھ سکتے ہوں، میں نہیں جانتا شعر العجم کی نزاکتیں کس طرح ان کے ذہن میں داخل کی جائیں، مجبوراً میں اس گناہ کا مرتکب ہوتا ہوں جس سے اوروں کو باز رکھنا مقصود ہے اور مجھ کو کہنا پڑتا ہے کہ شعر العجم تذکرۂ شعراء نہیں بلکہ جہاں تک شاعری کی ماہیت نفسی کا تعلق ہے، اس کی ارتقائی تاریخ ہے (دیکھئے، "ارتقا" زبان پر آہی گیا)

جس طرح ماضی حال کا باوا اور مستقبل کا دادا ہے، بعینہ دنیائے ادب میں بھی یہی ترتیب عمل جاری ہے، متقدمین نے متوسطین اور متوسطین نے متاخرین پیدا کئے، بالفاظ غیر، سعدیؔ، حافظؔ، فردوسیؔ و خیامؔ جس زمانہ میں ہوئے اور جو کچھ ہوئے اسی زمانہ میں ان کا ہونا ناگزیر سا تھا، اسی طرح ان کے کلام کی عصری خصوصیات در اصل ان کے کمال اجتہاد سے زیادہ وراثت ادبی کے قدرتی نتائج ہیں۔ شعر العجم نے اسی طلسم کی عقدہ کشائی کی ہے لیکن یہ باتیں ابھی نصف صدی کے بعد ہماری سمجھ

میں آئیں گی، اس وقت تک اس کتاب پر اظہار خیال ملتوی رہتا تو اچھا تھا۔

شبلی تو کیا براؤن کا خاکہ اڑائیں گے، لیکن ایک صاحب نے علی گڈھ میں بیٹھ کر ڈنکے کی چوٹ شاعری پر جس جامعیت کے ساتھ اظہار خیال کی ٹھہرائی ایڈیٹر معارف کے سنجیدہ قلم کو اعتراف کرنا پڑا کہ گویا "شعر العجم" ہے۔ ایک چھوٹے سے لفظ کے زہر کو دیکھئے گا جس کا تریاق ایک دفتر میں بھی نہیں ہو سکتا۔ مہدیؔ

(۴) یعنی مولانا سید سلیمان ندوی، مرتب۔

(۵) اس مضمون میں جس قدر اقتباسات لئے گئے ہیں، ان کے لئے اردو لٹریچر کے عناصر خمسہ (سرسید، آزاد، نذیر احمد، حالی اور شبلی) کا پورا دفتر پیش نظر تھا لیکن افسوس ہے کہ سلسلۂ اقتباس میں میں نے صفحات متعلق کے حوالے محفوظ نہیں رکھے، ختم کرنے کے بعد اس کا خیال آیا، اب یہ ایک دردسری تھی جسے کسی طرح گوارا نہیں کر سکا تاہم میں یقین دلانا چاہتا ہوں کہ اس پیوندکاری میں میں نے کہیں سے کوئی تصرف یا اضافہ نہیں کیا ہے اور جس قدر اجزا جہاں جہاں سے لئے گئے ہیں، علامات اقتباس میں بجنسہ پیش کر دیئے گئے ہیں، جن میں کوئی گھٹ بڑھ نہیں ہونے پائی ہے۔

***

www.ingramcontent.com/pod-product-compliance
Lightning Source LLC
LaVergne TN
LVHW010755051026
849532LV00007B/2376